El chef en casa.
Guía médica de emergencia en la cocina

El **chef en casa.**
Guía médica de
emergencia en la cocina

Jack Sholl

authorHOUSE®

AuthorHouse™
1663 Liberty Drive
Bloomington, IN 47403
www.authorhouse.com
Teléfono: 1 (800) 839-8640

Publicada por AuthorHouse 05/12/2017

ISBN: 978-1-5246-7112-9 (tapa blanda)
ISBN: 978-1-5246-7111-2 (libro electrónico)

Numero de la Libreria del Congreso: 2017902112

Información sobre impresión disponible en la última página.

*Las personas que aparecen en las imágenes de archivo
proporcionadas por Thinkstock son modelos. Este tipo de
imágenes se utilizan únicamente con fines ilustrativos.
Ciertas imágenes de archivo © Thinkstock.*

Este es un libro impreso en papel libre de ácido.

Contents

Introducción

Desde que el hombre, en busca de alimento en la selva, recibió su primera conmoción de un coco que cae, la cocina ha sido un lugar potencialmente peligroso.

Hoy en día, no tenemos que subir a los árboles para obtener una comida sabrosa. La cocina de la casa del Siglo 21 contiene todos los ingredientes necesarios para producir una comida que compite con los mejores restaurantes de alta cocina. Como resultado de la locura culinaria de la última década y una gran economía mundial, cada vez más los cocineros caseros están transfiriendo las delicias culinarias del restaurante de cuatro estrellas a sus comedores en casa.

Sin embargo, a pesar de las muchas maravillas tecnológicas de la cocina moderna y el esfuerzo constante de los fabricantes de electrodomésticos para mejorar y construir en las medidas de seguridad, la cocina, en muchos aspectos, sigue siendo lo que siempre ha sido potencialmente, un lugar peligroso. Los Platos excelentes por lo general requieren corte en dados, cortar en rodajas, la calentura, la ebullición o de corte, todos los métodos consagrados por el tiempo de preparación de los alimentos bien cocidos. Sin embargo, si se realiza de forma automática o manualmente, en cada acción se presenta la oportunidad potencial de autolesión o lesiones a un invitado.

Incluso comer la comida más simple puede ser peligroso. Pregúntale a George W. Bush.

Sí, el Presidente Bush.

El presidente Bush perdió el conocimiento y se desmayo mientras comía un pretzel en la Casa Blanca. Y no era una broma. El presidente estaba viendo un partido de fútbol Nacional televisado y comiendo pretzel, cuando empezó a caminar mal. Se desmayó, su ritmo cardíaco se redujo temporalmente. La ingestión del pretzel se quedó atascado en su garganta. El presidente sufrió una abrasión en la mejilla izquierda y una contusión en el labio inferior cuando se cayo.

¿Que pasó?

Un examen neurológico señaló desmayo vaso vagal. En tales casos, el cuerpo envía una señal al corazón a través del nervio vago que hace mas lento el ritmo cardíaco suficiente para cortar el suministro de oxígeno y causar un desmayo.

Por lo tanto, si le pudo pasar esto con un simple pretzel al Presidente de los Estados Unidos en la Casa Blanca, no hay razón para pensar que lo mismo nos podría suceder, por ejemplo, que tentador tazón de nueces del chef, almendras bañado en jerez con un toque de ají, samosas fritas rellenas de queso camembert, un fajo de sushi o de otros aperitivos gourmet y decenas de platos.

Se estima que un cuarto de millón de americanos anualmente ingresan a las salas de emergencia de hospitales o clínicas por las lesiones que se produjeron en la cocina. Teniendo en cuenta que muchas de las lesiones más pequeñas, una pequeña quemadura, cortados o esguince, nunca llegan a la sala de emergencias, el sin duda, el numero de lesiones cocinando es mucho más alto. De acuerdo con el centro de control de enfermedades en los Estados

Unidos, más de 200 enfermedades pueden transmitirse a través de alimentos. Los estudios informan que 79 millones de enfermedades transmitidas por alimentos ocurren en los Estados Unidos cada año, lo que resulta en 325,000 hospitalizaciones y 5,000 muertes.

Esta guía medica de emergencias en la cocina no pretende ser exhaustiva para cualquier emergencia, ya que cualquier tipo de emergencia puede ocurrir en la cocina, al igual en cualquier lugar en el hogar o en el exterior. En su lugar, le sugeriría al chef en casa que vaya practicando formas de preparar sin accidentes, sin preocupanciones y seguro, manejar un número de emergencias médicas e incidentes que puedan ocurrir. Las sugerencias en este documento no son nada nuevo; han estado comúnmente y tradicionalmente utilizados por miles de Boy Scouts, los equipos de rescate, trabajadores de salud y personal militar entre otros. Guía Médica de Emergencia del Chef en Casa, reúne en un solo lugar las medidas de primeros auxilios consagradas por el tiempo que se aplican a los accidentes que pueden ocurrir, y a menudo pasan y se producen en la cocina. El objetivo final es ayudar a asegurar al Chef en Casa a disfrutar de las alegrías de una comida bien cocinada y una experiencia sin problemas memorables.

Para comenzar, hay que subrayar que no existe - NO PODEMOS -sustituir la atención médica profesional inmediata en caso de una emergencia de cocina. El principio correcto es, en caso de una emergencia médica en la cocina, el chef, sous chef, invitados y demás deben marcar inmediatamente al 9-1-1 para los paramédicos, los bomberos, la policía o cualquier otro servicio de ambulancia de emergencia, o ser llevados a la sala de emergencias mas cercana o clínica médica, donde el consejo médico profesional y el tratamiento se pueden asegurar. El chef en casa debe tener a la mano una lista de instalaciones de emergencia en su vecindario, sus números de teléfono y direcciones de cómo llegar allí. Usted encontrará en el capítulo 15 de este libro una forma utilizada por la publicación de las instalaciones y los servicios de emergencia en su vecindario. El chef en casa debe romper esta página de este libro, rellenar los números de teléfono y pegar la hoja en algún lugar de la cocina de fácil acceso cerca del teléfono. El capitulo 15 también ofrece un mapa en blanco sencillo, el chef en casa debe también completar y publicar en la cocina, como suele ser el caso con estas emergencias, el pensamiento llega demasiado tarde y el Chef en casa no tiene ni idea de dónde está el hospital más cercano o centro médico de emergencias cerca de su hogar. Los números de teléfono de emergencia también son importantes a tener de inmediato a la mano, porque el consejo médico o de rescate se pueden obtener por teléfono. Además, el chef en casa debe considerar una práctica seria correr a la sala de emergencias.

Si bien nadie espera que los accidentes, la naturaleza misma de un accidente es impredecible. Por lo tanto, la prevención es la mejor guía. Este libro no pretende sustituir el sonido del consejo médico profesional, pero desde el punto de vista del sentido común da formas prácticas y consagradas por el tiempo para ayudar a hacer frente a una emergencia médica en la cocina.

Parte de ser un gran chef es operar una cocina y comedor siendo un establecimiento seguro. Todos los grandes restaurantes, ya sea en hoteles o en otro lugar, proporcionan formación en primeros auxilios a los cocineros. De hecho, la formación en primeros auxilios es parte del plan de estudios en todas las escuelas culinarias. El chef en casa en su cocina está en ninguna otra situación. Él o ella debe estar preparado asi mismo para accidentes y emergencias médicas.

Bon apetito y cocine seguro!

I

Cortes, Pinchazos, Laceraciones Y Contusiones

No hace mucho tiempo, el Dr. P. nos invitó a cenar el sábado por la noche en su casa de dos pisos de ladrillos estilo Tudor en las colinas con vistas a los hermosos viñedos, laminados de Napa Valley. Un prominente cirujano plástico durante el día y un chef gourmet de excelencia por la noche, el plato que había seleccionado era la receta del año seleccionada por la revista Bon appetite: bacalao sobre puré de patatas. La idea era utilizar esta variación de una simple pero elegante y tradicional comida campesino francés, para hacer estallar una esterlina 1982 Cakebread Chardonnay. lo que acababa de llegar a su altura prevista de fermentación.

No hace falta decir, la comida y el vino eran excepcionales. El Dr. P, Sirvió la salsa burre sobre el bacalao, pero nos dimos cuenta que sus dedos estaban vendados. "Mal día en la sala de operaciones nos preguntamos." No, el Dr. P. respondió a nuestra sorpresa, "mal día en la cocina".

La situación era tal: El Dr. P había dejado un filete de dos libras de bacalao congelado, se congelaron rápidamente en el océano Pacífico, pero 24 horas antes, en el refrigerador para descongelar. Cuando llegó el momento de comenzar la preparación de la comida, el Dr. P. retira el filete de la nevera, sin envolver y lo lavó con agua fría en el fregadero, el bacalao se sintió un poco fría al tacto así que el doctor que sostiene el filete en la mano derecha firmemente pinchó la carne blanca del bacalao con un tenedor. El resultado fue inesperado y algo que nunca le ocurrió en veinticinco años de práctica quirúrgica en el quirófano, el tenedor navegaba a través del filete de bacalao y fue ala derecha através de la mano del Dr. P. y la perforó con cinco dientes puntiagudos.

Como medico, el Dr. P. sabia que las heridas en la capa epidermica de la piel puede variar de menores (un cero) a grave (de profundidad) en este caso, el Dr. P. observó cinco pequeños circulos rojos de sangre formaban en cada uno de sus dedos en el interior de su mano derecha.

El diagnóstico de la lesión, el Dr. P. corrió por primera vez su mano bajo el grifo de agua fría y limpio las heridas con jabón. El segundo paso fue restañar el flujo de sangre con una gasa, abundante en la sala de operaciones pero ausente en la cocina por lo tanto una toalla bastaron por el momento.

El Dr. P. otra vez, de su experienca en la sala de operaciones, sabía que era importante poner un antiséptico y antibiótico sobre estos pequeños pinchazos. Para prevenir la infección en su sistema, pero igualmente importante en este día y edad, para asegurar que no hay virus de transmisión sanguínea que puede haber encontrado extendió a cualquiera de los alimentos en el que estaba trabajando Mientras que había sido probado para la hepatitis infecciosa y otras similares patógenos, que estaba bastante familiarizado con las rutas de transmisión de estas enfermedades seguramente no quería correr el riesgo de que sus invitados se irían con más recuerdos de una buena comida despues que se fueran, gracias a un descuido de su parte.

Como los puerros en el horno llegaron a su punto de perfección antes de la quema, el Dr. P. tuvo que correr al baño por medicina del gabinete por vendas adhesivas y un antiséptico. Luego fue volver a la cocina para seguir removiendo los puerros, justo a tiempo. Lo que paso aquí ilustra lo que le puede suceder a cualquier persona mientras hace cualquier tipo de diferentes carnes, pescado, aves de corral y otras preparaciones. Y si le pudo pasar a un cirujano experto de larga práctica, le puede suceder al cocinero casero gourmet que pudo haber simplemente corrido a casa de la oficina para preparar o terminar la cena para los amigos y familiares.

Pinchar un filete de bacalao con un puntiagudo tenedor o un cuchillo mientras lo sostiene en la mano de alguna manera, se convierte en lo normal con la emoción de trabajar en la cocina gourmet, algo que ni un cirujano o un amante de la naturaleza con experiencia harían en su contexto normal. Sin embargo, no es sino uno de un cientos de diferentes lesiones cutáneas similares que pueden suceder en la cocina durante la manipulación brusca.

La mayoría de nosotros probablemente también puede relacionarse cuando oímos hablar de las manos o los dedos que son perforadas mientras que colocamos el cordero y la cebolla en trozos en pinchos de barbacoa o mientras insertamos afilados palos de bambú puntiagudas en un rollo de sushi: de casos en que las manos son perforadas por el papel aluminio donde están envueltas las papas; de cortarse el borde del dedo con la tapa de borde agudo al abrir una lata, o empalar una mano atrapada sumergida en posición vertical en el cuchillo del triturador de la eliminación de basura del fregadero. de la misma manera, el pinchazo o cortado en rebanadas o mientras se afeita, o pela una pequeña fruta o verdura. Como un kiwi demasiado bien conocido. El resultado puede variar desde un pequeño rasguño o una gota de sangre para laceraciones profundas de las venas o choque contra un nervio (como en la acupuntura) y causando parálisis o daño neurológico.

Cuánto más fácil habría sido si el antiséptico, gasas y vendas adhesivas estuvieran en un práctico botiquín de primeros auxilios a la mano en un gabinete de la cocina. De modo que un accidente menor puede ser reparado sin perder inútilmente el tiempo en la búsqueda de elementos de primeros auxilios? (Capitulo 14.) Aparte de las obvias implicaciones médicas, cinco minutos para resolver una pequeña e importante emergencia de este tipo podría hacer la diferencia entre una buena comida y una gran comida, por ejemplo, como puede ser necesario disminuir o apagar el calor, para detener salsas y las reducciones de coagulación y/ o privar verduras o carnes de sabores perfectos.

Aunque no es exhaustiva, aquí están los principales tipos de cortes laceraciones y contusiones que potencialmente pueden ocurrir en la cocina accidentalmente mientras se está distraído o poco clara puede reemplazar técnicas de atención médica adecuada de un médico calificado y tratamiento médico profesional que se debe buscar siempre.

Heridas punzantes profundas

Tales heridas, punzante profunda como la de un cuchillo, pincho o vino sacacorchos, son típicamente más de una pulgada de profundidad. También se caracterizan por la incapacidad de detener la hemorragia. En el caso de la puncion herida grave, lo primero es marcar al el 911 o ir immediatamente a la sala de emergencias o al médico.

lo ideal es usar un pedazo de gasa estéril gruesa para presionar sobre la herida. En caso de no tener disponible gasa limpia, utilizar cualquier tela, la más limpia disponible, para presionar sobre la herida. En la cocina, esto podría incluir toallas, paños de cocina o servilletas. Al no encontrar ninguno de estos, quitarse y usar su camisa, calcetines u otro artículo de la ropa limpia. Si no hay posibilidad de usar ninguno de estos, use su mano, presione con su mano firmemente sobre la herida. Es portante recordar siempre presione con la palma de la mano firmemente sobre la herida. Siempre es importante recordar que todo lo que se necesita para restañar la herida, la limpieza del material de uso es necesario para prevenir la infección posterior.

También es importante recordar que no debe presionar directamente sobre cualquier objeto que pueda ser pegado o empalado en la herida. En lugar de ello presione a su alrededor. Esto es particularmente importante con lesiones en los ojos o huesos rotos, y nunca intentar quitar algo firmemente pegado en una herida. Dejar esto a un médico si es en caso de una herida sangrante en el ojo, cubrir los ojos ligeramente (nunca ejercer presión directa sobre la herida del ojo) con una gasa o vendas, y dirigirse a la sala de emergencia.

Cuando se detiene la hemorragia, la tela que se utiliza no debe retirarse. Dejar en su lugar y usar más paños para cubrirlo.

Si la hemorragia no se detiene después de varios minutos, encontrar una arteria y aplicar presión con el dedo pulgar. Los puntos donde se pueden encontrar una arteria son en el cuello, el codo (en el interior), la muñeca (en el interior), la ingle, la rodilla (espalda) y la parte superior de los pies.

También es posible que desee utilizar un torniquete para detener la hemorragia severa, el torniquete se debe aplicar por encima de la herida hacia el corazón, por lo que el flujo de sangre desde el corazón a la herida está restringido. Sin embargo debe aflojar el torniquete periódicamente para prevenir la gangrena de ajuste. Un simple torniquete puede estar hecho de una tira de tela enrollada en una rama (por encima de la herida) y dibujado ajustado girando el extremo de la tela con un palo o incluso un cuchillo de mesa plana con bordes de la mesa. torniquetes de goma se pueden comprar, y el chef puede considerar mantener en su cocina medicamentos. Además, la colocación de la extremidad lesionada mas alto que el corazon puede reducir el flujo de sangre.

Dano El En Nervio

Objetos puntiagudos, como muchos que se encuentran en la cocina de su casa, también son capaces de atacar los nervios. El resultado puede ser parálisis temporal de un miembro, o peor, alguna forma de daño permanente en el sistema nervioso.

En la cocina, pescados, carnes y verduras incluso algunos podrían suponer potencialmente este daño si no se maneja adecuadamente y con cuidado. Tome como ejemplo el pescado de roca, como comúnmente se encuentra en los supermercados como pargo rojo, o el bagre o pez globo, que tiene picos óseos. o cualquier pescado, en el caso donde el chef podría estar preparando un pescado entero deshuesado. Un golpe de un hueso puntiagudo afilada (muy parecido a una aguja) puede ir fácilmente a través de la piel y golpear un nervio. Más de un lenguado rebozado ha tenido que ser completada por una sola mano del chef cuya mano se hizo inoperante por una mano de pescado deshuesada. Y el cielo ayude al chef diestro que, con la presión añadida de alojamiento, tiene que trabajar sólo con su mano izquierda.

El mejor consejo en caso de que esto ocurra es consultar a un neurólogo si la parálisis o entumecimiento no se pueden sacudir o si no se disipa.

Cortes Pequenos, Heridas y Contusiones

Los cortes pequenos se caracterizan por ser generalmente de menos de un cuarto de pulgada de profundidad y no es dura demasiado tiempo.

Lavar la herida con agua y jabón. Ponga un antiséptico o antibiótico en el corte o raspadura para prevenir la infección. A continuación, aplique una venda adhesiva o un vendaje similar, como una gasa sostenida por una cinta adhesiva quirúrgica, o en caso de apuro, adhesivo transparente cinta será suficiente. Sólo recuerde que no debe aplicar el vendaje apretado que se detenga el flujo de sangre a esa zona. Recordar que, como cualquier corte dentro o fuera de la cocina, un corte de metal, especialmente metal con óxido en él, puede requerir una vacuna contra el tétanos.

Vidrios

Platos, vasos y jarras rotos con frecuencia ocurren en la cocina de su casa. Y todos los presentes la oportunidad de que fragmentos de vidrio cortados se incrustan en los dedos o manos del chef.

Cortes con vidrio deben ser tratados como cualquier otra corte o punción. con las siguientes excepciones importantes: No aplique presión sobre un corte de vidrio. No presione con fuerza sobre una gasa o tela para detener el sangrado, ni aplicar un vendaje apretado a un corte de vidrio. La razón es que los trozos de cristal, incluso diminutas, puede estar en la herida y presionando hacia abajo complicaría aún más las cosas. Piezas diminutas de vidrio cortado con el tiempo se abre camino hacia arriba de forma natural y se desprenden.

Si un fragmento de vidrio es visible y se puede quitar fácilmente con unas pinzas (equipo de emergencia médica, la cocina del chef), entonces puede intentar quitar con cuidado, de lo contrario, el vidrio incrustado es mejor dejar solo por el momento. Tratando de eliminar lo que podría complicar mucho las cosas al hacer más daño a los tejidos, nervios y vasos sanguíneos. Un viaje inmediato al servicio de urgencias o un centro de atención médica de emergencia en este caso. En caso que una astilla de vidrio o fragmento quedara incrustado en un ojo, nunca, nunca, aplique presión en el globo ocular. Llega a la sala de emergencias de inmediato o llame al 9-1-1.

Y nunca comer comida que ha sido contaminada por vidrios. Incluso si usted piensa que ha sacado todos los fragmentos, pequeños trozos minúsculos, todavía pueden estar enterrados en el alimento. Un compañero y yo una vez observamos a un grupo de médicos altamente calificados y profesionales que devoraban un exquisito y caro caviar con fragmentos de vidrio tomados de un frasco roto en la parte superior, en lugar de tirar los delicados huevos de pescado negro.Es mejor prevenir que lamentar. Los fragmentos de vidrio ingerido pueden causar sangrado interno, potencialmente perforaciones de colon entre otros horrores. Como regla general a continuación, escupir o tirar cualquier alimento que esta en contacto con vidrio roto o quebrado. No vale la pena un peligro potencial.

Cercenar la punta de un dedo

Como espantoso que pueda sonar, el riesgo de cercenar la punta o mas de un dedo en la cocina siempre esta ahí, especialmente a los incautos distraídos, apurados o intoxicados cocineros. Solo pensar en las muchas recetas que requieren de picado en cubitos o cortar las verduras con cuchillos grandes, cuchillas, y obtendrá la imagen.

No hace falta decir, deben ser picados o en rodajas de un dígito, llame al 911 y / o dejar todo y llegar a la sala de emergencia más cercano.

Como primer paso de la ayuda, el flujo de sangre debe ser parada con una gruesa, venda de gasa estéril, como se haría con una herida punzante. Dependiendo del tamaño de lesión.

También se debe tomar para preservar la yema del dedo cortado.Poner el dedo cortado en una bolsa de plástico y ponerlo en el congelador de su refrigerador o dependiendo el tiempo, llenar la bolsa con hielo del congelador, y llevarlo contigo a la sala de emergencias.

Una vez más, dependiendo del tamaño de la lesión, hay que señalar que las pequeñas rebanadas de piel deben finalmente regenerarse.

Contusiones

Los hematomas pueden ocurrir de muchas maneras en la cocina de su casa. Una actividad muy popular conocido entre los cocineros caseros está rompiendo su dedo pulgar de golpear la carne o ave con un martillo de carne. Y sólo imaginar cuántos dedos un sacacorchos contemporánea ha pellizcado?

El tratamiento para esta herida adquirida fácilmente-es similar a los pequeños cortes. simplemente lavar la herida y aplicar un antiséptico. Además, el hielo o una compresa de hielo (hielo en una bolsa de plástico o una toalla) se pueden colocar sobre el hematoma para aliviar el dolor y reducir la inflamación.

Los dedos rotos deben ser tratados como cualquier hueso roto (Capítulo 3).

Precauciones y Medidas Preventivas

La mayoría de las lesiones comunes de la cocina pueden ser evitados por el chef simplemente ser consciente de lo que él o ella está haciendo y tomar las medidas preventivas adecuadas. recordamos un antiguo patrón de un restaurante francés notable en el centro de Manhattan cayo por las escaleras hasta el baño de hombres, copa de vidrio con vino tinto (sin duda de una buena cosecha) en la mano, lo que resulta en grandes piezas de vidrio y sangre brotando de formar efusiva de su frente.

Por lo tanto:
- Cortar lejos de ti, y nunca hacia ti.
- Nunca poner el filo del cuchillo o una cuchilla apuntando hacia ti, siempre lejos.
- Nunca introduzca nada que está sosteniendo en su mano con un utensilio puntiagudo. Si vas a meter o empalar cualquier cosa. Ponerlo en el mostrador de la cocina o una tabla de cortar o placa. Lo mismo para rebanar cosas tales como bloques de queso.

- Siempre asegúrese de que sus dedos están lo suficientemente lejos de la parte o sección que está siendo cortado. Y tome su tiempo no se apresure.

- Siempre use cuchillos y utensilios de tamaño adecuado, y utilizarlos de la forma correcta. Por ejemplo, no utilice un gran cuchillo para golpear fuera de rodajas de patata.

- Manejar los huesos de pescado y vegetales espinosos -tales como la alcachofa - con respeto y cuidado.

- Siempre se apilan cuchillos y tenedores inconveniente en el lava vajillas, escurridor utensilio o se hunden en el escurridor.

- Tire a la basura cualquier alimento que puedan haber sido contaminados con vidrio roto.

II

Quemaduras y Escaldaduras

De todas las lesiones que se producen en la cocina, quemaduras y escaldaduras son los más comunes. Esto se debe a menos que seas un esquimal-pensándolo bien, incluso la mayoría de las preparaciones alimenticias en la cocina requieren el uso de calor en sus muchas formas en diversos grados, aceites de fritura, bastidores de cocción al rojo vivo, aguas y salsas hervir, saltear chisporrotear aceites y jugos, sartenes calientes y los tiradores son sólo algunos de los muchos objetos que pueden causar lesiones en la cocina a menos que se tenga cuidado al trabajar cerca de ellos. Además, el uso de millones de galones de aceite de cocina, margarina y manteca para freír cada año los estadounidenses, en particular, debe estar bien informado sobre las quemaduras.

Cualquier tipo de quemaduras y escaldaduras o quemaduras múltiples, lo que potencialmente puede ocurrir accidentalmente en la cocina, mientras que uno está distraído o poco claro acerca de lo que está haciendo. Las manos y los dedos no son los únicos apéndices susceptibles a las quemaduras o escaldaduras en el hogar del chefferie. La ingle, los pies y los tobillos, por ejemplo, presentan blancos vulnerables de una sopa caliente que se pierde del recipiente al verter.

La cara, el pelo y los ojos son vulnerables, a partir de un horno muy caliente en la cara mientras estas mirando dentro o las salpicaduras de una sartén, para ser encrespado o crujiente.

Barbas en función en su longitud, pueden ser un peligro en particular en la cocina. Una barba podría configurar fácilmente en llamas como el chef, por ejemplo, se cuelga demasiado cerca de la cacerola para olfatear una salsa en reducción. (Una variación de esto es la barba se ve atrapado en una batidora eléctrica amazadora de pan automático o basurero) (capítulo 4).

Sin embargo, el accidente en la cocina mas común y potencialmente puede causar una quemadura grave, en particular, de las manos, son el agua hirviendo. Y no sólo de agua hirviendo Muy a menudo, dolorosas quemaduras ocurren cuando el chef abre el grifo de agua caliente en el fregadero y pone su mano debajo de ella para probar la temperatura. En casos como este, el chef puede esperar que la formación de ampollas con una mirada del aspecto estético resultante. Y en casos aún más graves, la infección.

Otras quemaduras comunes de las manos y los dedos pueden ocurrir cuando uno es la eliminación de las ollas de la estufa. Por ejemplo, el cocinero casero puede, con las manos desnudas, intento de quitar una tapa de olla caliente pensando que va a tomar sólo un segundo para colocar sobre el mostrador, No es así: el chef puede encontrar, como suele ser el caso, que la tapa tiene que ser maniobrado en el mostrador teniendo en cuenta la parte superior está muy caliente, esta situación conduce indefectiblemente a quemarse los dedos. Y, por supuesto, todo el mundo está familiarizado, al menos en sentido figurado, con quemarse los dedos de la mano al manipular una patata caliente. Las quemaduras vienen en cuatro grados de gravedad, dependiendo la profundidad del calor se ha quemado en la piel.

Tipos de quemaduras

Una quemadura de primer grado se caracteriza por ser una quemadura que ha quemado la capa superior o externa de la piel (epidermis). Puede ser bastante doloroso.

Una quemadura de segundo grado se caracteriza como una quemadura que quema las capas superior e internas de la piel (dermis). Quemaduras de esta naturaleza son muy dolorosas, y que a menudo pueden convertirse en ampollas o se inflama la piel.

Una quemadura de tercer grado es el que va justo a través de todas las capas de la piel (hipodermis). No se pierde nada, ya que por lo general se quema la terminación nerviosa del tejido. La piel se ve blanca o carbonizada negro.

Una quemadura de cuarto grado, los más graves, son quemaduras que afecta cualquier órgano debajo de la piel.

Como se ha sugerido en este libro, todo lo que parece ser una quemadura de tercer o cuarto grado requiere ayuda profesional médica inmediata. Marque el 9-1-1 o inmediatamente dirigirse a la sala de emergencias más cercana.

Para quemaduras menores, tome una toalla o paño limpio y ponerlo bajo agua fría. Escurra la toalla y cubra suavemente la quemadura. La quemadura también se puede colocar bajo el agua fría corriendo se coloca en un recipiente, dependiendo de donde se encuentra la quemadura. El dolor debe desaparecer. No utilice agua para áreas muy grandes y de tamaño considerable que han sido quemadas. Utilice una gasa estéril o una toalla o paño limpio.

La colocación de la extremidad en la que la quemadura se encuentra más alto que el corazón se puede reducir la hinchazón.

Medidas Preventivas

Debido a que tienden a ser abundantes en la cocina, sustancias grasas como la mantequilla, margarina, manteca o, al igual que el hielo son sustancias comunes, y los cocineros caseros son tentados a utilizar para aliviar el dolor de quemaduras. La directriz básica, sin embargo, es que no lo haga. Lo mismo para la vaselina, lociones u otros ungüentos. Además, no pinchar las ampollas que puedan haberse formado, y ciertamente no utilice ningún tipo de vendaje o una cinta quirúrgica adhesiva cerca de la zona quemada. Si por alguna razón, un parche de prendas de vestir ha derretido o fundido en la quemadura, no tire el material de distancia. Ponga una gasa o una toalla limpia o un paño sobre el lugar tal como esta.

Es imperativo que el cocinero casero tenga un buen par de guantes de cocina que se adapten a las manos como un guante. Son comunes las quemaduras en las manos causadas por un chef que agarra con ímpetu el mango de una sartén o la olla de la estufa para hacer una modificación repentina en el proceso de cocción. Por lo general, debido a la necesidad de la rapidez de las manos de maniobra son sacrificados en aras de evitar un plato recocido.

Es importante recordar que no todas las almohadillas calientes son los mismos. Algunos son nada más que un paño grueso que permiten que el calor peligroso se filtre a través de las almohadillas de algodón. Además hay el posible peligro de que aquellos se quemen con fuego. Si usted tiene almohadillas calientes como estos, considere reemplazarlas por otras llenas con el amianto: son una alternativa mucho más segura. Eso es lo que el cocinero casero serio debe utilizar. Muchas almohadillas calientes, incluyendo aquellos con puntuaciones de la Unión de Consumidores están disponibles en el mercado a partir de un número de fuentes.

Si el chef imagina interconexión constante en un horno abierto él o ella también puede desear aplicar una loción hidratante o bronceador antes de comenzar el trabajo del horno.

Ojos

Al considerar las medidas de seguridad que puede tomar para protegerse de las quemaduras, el cocinero casero también debe considerar la seguridad de los ojos, como lesiones en los ojos también pueden ser el resultado de una serie de incidentes en la cocina. Por ejemplo un tapón de corcho se puede convertir en un objeto peligroso cuando se proyecta, a gran velocidad, de la botella de champán de la vendimia en el ojo de alguien.

Las quemaduras en los ojos requieren el mismo tratamiento que un ojo sangrando. Como se comentó anteriormente, cubrir ligeramente los ojos con una toalla o un paño estéril o limpio y marcar inmediatamente al 9-1-1 y / o dirigirse a la sala de emergencias para un examen y tratamiento por un oftalmólogo profesional. llamar inmediatamente para: una quemadura en los ojos es extremadamente grave y requiere atención de los expertos lo antes posible.

Pero el fuego no es la única sustancia que debemos tener en cuenta. diversos productos químicos, tales como los utilizados para desatascar desagües o trituradores de basura o limpiar encimeras de cocina de azulejos, también pueden ser extremadamente peligrosos si se usan incorrectamente.

En el caso de una quemadura causada por un agente químico, el agua es la solución de primera ayuda inmediata. El área quemada debe ser colocado bajo el grifo en el fregadero de la cocina e irrigado con agua corriendo del grifo durante al menos un cuarto de hora. Si la sustancia química se ha metido en el ojo o los ojos, el agua debe ser vertido en el ojo. Ni tiene que decir, una vez más, en el caso de una lesión en el ojo, busque ayuda profesional de emergencia inmediata, Dial 911 o ir de inmediato al servicio de urgencias más cercano o un centro de emergencias. Muchas listas de productos tienen instrucciones de cuidado emergencia química y advertencias en sus etiquetas. Lea la etiqueta vea lo que está recomendado como un tratamiento o antídoto.

Por último, al igual que con quemaduras de calor, la superficie quemada en última instancia, se debe cubrir con una gasa estéril o una toalla o paño limpio.

Es aconsejable que el cocinero casero tenga un lugar en la lista de la cocina un pequeño extintor de incendios. Esto podría resultar útil en el caso de que el caos total y un resplandor que rabia. mientras que los incendios pueden ocurrir en la cocina de los líquidos y salsas en ebullición encima sobre las bobinas calientes o de gas de la gama, o algo por incineración en el horno, el peligro también puede estar al acecho en otro lugar. Por ejemplo, una encimera de madera podría ser incendiada por accidente cuando el cocinero casero caramelice la parte superior crujiente de un flan con un pequeño soplete de cocina o de encendido de coñac encima de un Alaska al horno, pastel de ciruelas o crepé suzette, que no son actividades seguras.

También, cuidado con las velas. Crean un ambiente maravilloso para comer y beber, pero recuerde, que son fuego. Hemos observado una vez, a Tony en el centro de Manhattan, restaurante italiano, una cesta de pan grande, delgada y plana subir en llamas porque el camarero colocó la canasta con sus hojas de pan desbordantes, demasiado cerca de las velas bajas en la mesa. Las llamas altas se dispararon por toda la habitación y tuvo que ser rápidamente extinguido con una botella grande de agua con gas.

Por lo tanto, también, ver que el consumo de cigarrillos en la cocina. Un humo o ceniza fuera de lugar en medio de varios combustibles, gases, líquidos inflamables y grasas pueden establecer todo el lugar en llamas.

En caso de que el chef, el mismo se incendie, por ejemplo unas bengalas toca la manga recrudece en el humo - el chef deben tirarse al suelo y rodar sobre el material en ignición, y sofocarlo. Debería haber en una cocina o un comedor ropa de chef para los huéspedes adicionales y prevenir para no arder en llamas, la víctima debe ser colocado en el suelo y a rodar una y otra vez. Además, el chef debe sofocar las llamas con una manta, un abrigo o una chaqueta gruesa, o un mantel.

Congelación

Infrecuentemente,, pero posible, dada la edad del chef y el uso de medicamentos recetados y el alcohol, la congelación puede ocurrir en la cocina. Eso es porque si la cocina es un lugar de calor y llamas, también es un ambiente donde la exposición al hielo y el frío suele ser frecuente. Esto es inmediatamente obvio para cualquiera que haya tratado de tomar cubitos de hielo de la nevera con las manos mojadas. Hay una clara posibilidad de que el hielo puede adherirse a la mano, causando lesiones relacionadas con el frío. Lo mismo ocurre con las bolsas de verduras congeladas y similares.

La lesión infligida del frío más extremo en la cocina podría ser la congelación. La congelación ocurre cuando la piel y / o los tejidos corporales relacionadas con la congelación de la piel. Puede ocurrir en tan sólo unos minutos. Los síntomas de congelación leve son un escaldado o blanqueamiento de la piel. Los casos graves pueden aparecer ceroso-como con un color amarillo o gris-blanco azul, de color grisáceo. Escozor, ardor, entumecimiento, la firmeza y el dolor son generalmente presentes.

Al igual que con todas las otras lesiones graves, y la congelación ciertamente califica como uno, se requiere atención médica profesional inmediata. Además de las lesiones de la piel, también hay un peligro de infección, por lo que un chef o invitados con la congelación necesita un examen médico inmediato.

Como tratamiento de primera línea en el hogar, el área lesionada debe comenzar a ser recalentado. Una técnica de calentamiento adecuado, según las autoridades médicas, es utilizar una tina de agua a 100 ° F (38-40 "C) durante 30 a 45 minutos (cálidos al tacto, pero no caliente) hasta que la zona recibe una buena descarga de agua en ella. Esto puede ser doloroso, como la piel pasa a través de etapas de descongelación. Si la bañera no está disponible, se puede utilizar los paquetes húmedos calientes a la misma temperatura.

No use calor seco, tales como una almohadilla de lámpara solar, calefacción por radiadores o, para descongelar la zona afectada. Y no masajear el área lesionada; puede causar más daño. una vez descongelada, la parte lesionada debe mantenerse sobre una gasa estéril o una tela y elevado. Los analgésicos no como esteroides anti-inflamatorios pueden ser administrados para el dolor. Las víctimas congeladas no deben consumir alcohol, nicotina ni otros medicamentos que pueden afectar el flujo de sangre.

Precauciones y medidas preventivas

- Recuerde: piense antes de actuar.
- Siempre use agarraderas.
- Asegúrese de que sus manos estén secas cuando se toma el hielo u otros objetos muy frios de la nevera o en el congelador. Utilizar guantes, si es necesario.
- Tire a la basura cualquier alimento que entra en contacto con el vidrio quebrado.
- Cortar lejos de ti, que nunca hacia usted. Nunca tienen el filo de la navaja o una cuchilla apuntando hacia ti, siempre lejos.
- Nunca introduzca nada que está sosteniendo en su mano con un utensilio puntiagudo. Si vas a meter o empalar a nada, ponerlo en el mostrador de la cocina o una tabla de cortar o placa. Lo mismo para el corte, tal como cuando corta queso.
- Siempre asegúrese de que sus dedos están suficientemente lejos de la parte o sección que está siendo cortado. Tómese su tiempo, no se apresure.
- Siempre use cuchillos y utensilios de tamaño adecuado, y utilizarlos de la forma correcta, por ejemplo, no utilice un gran cuchillo para golpear fuera como rodajas de patata.
- Maneje los huesos de pescado y vegetales espinosos, como la alcachofa con respeto y cuidado.
- Siempre la pila de cuchillos y tenedores es inconveniente en el lavavajillas, escurridor de utensilios o fregadero.
- Tire a la basura cualquier alimento que puedan haber sido contaminados con el vidrio roto.

III

Huesos Rotos, Distensiones Musculares y Lesiones de Columna

La velada promete ser grandioso. Tienes invitados para la cena de esta noche varios de sus amigos más cercanos. La casa es cálida y acogedora. Un concierto de Purcell con el piano y la trompeta se mueve en el aire, una copa de vino lleno de un rico noble burdeos rojo profundo, va sobre la fabricación de un trino de la carne de vacuno. Su movimiento sincronizado entre el conjunto y el ajuste de la cocina es un no menos digna que la de un espectáculo de estreno de ballet.

Sin embargo, a la espera fuera del escenario, detrás de las cortinas y accesorios, se esconde un demonio siniestro, uno de los muchos que frecuentan establecimientos de alta cocina de todo el mundo, desde la cocina de casa inteligente y el restaurante de cuatro estrellas Michelin. En este caso, se habla del síndrome del túnel carpiano, es la pesadilla de secretarias, mecanógrafas, trabajadores de la computadora y los trabajadores de la línea de montaje.

Este síndrome Tunel de Carpal, también se conoce como lesión por esfuerzo repetitivo; es causada por el uso repetido de las muñecas, y puede ser doloroso, que va desde el entumecimiento y hormigueo en los dedos y dolor en la mano, la muñeca y antebrazos. Es causada por el pellizco de un nervio en la muñeca por medio de ligamentos musculares.

Lesiones por estrés repetitivos en la muñeca es más a menudo que suceda en la cocina de su casa cuando el chef está preparando grandes porciones desde cero que requieren una gran cantidad de trabajo hecho a mano. Por ejemplo, una comida que requiere pelar, desmenuzar y triturar doce grandes patatas y cortar dos manojos de puerros para una vichyssoise, o una comida que requiere rebanar y cortar los calabacines, las cebollas, el jengibre y el pollo por un chisporroteo salteado. Otra causa común del síndrome del túnel carpiano en la cocina se produce al fregar las ollas y sartenes o cuando el raspado de una estufa o quemadores con gran medida al horno en la comida con un cuchillo o lana de acero.

También hay paliativos a largo plazo para el síndrome de estrés repetitivo crónico y un médico debe ser consultado para tratamientos recomendados. El ejercicio y el descanso son mejores apuestas del chef en casa para hacer frente a esta aflicción, de modo que sea capaz acabado la comida con el mismo ánimo y los celo con el que se inició la preparación. Aquí, sin embargo, nos dirigimos a lo que podría hacerse una acción de primera línea para hacer frente a los dolores y molestias del síndrome de estrés repetitivo tal como se presentan en la cocina de su casa durante la preparación de la comida.

Cuando se enfrentan a una gran cantidad de vegetales para cortar y rebanar, es aconsejable cambiar la posición de la mano de vez en cuando como pelar, cortar y picar a distancia. También es altamente recomendado como en muchas otras operaciones de la cocina, que no se precipiten. Dejar un montón de tiempo, y se da un descanso de vez en cuando para apoyar las manos durante cinco a diez minutos. Basta con poner sus muñecas en la encimera de la cocina.

También, coloque sus manos en linea con el antebrazo a medida que avanza sobre su chefferie. en otras palabras, mantener las muñecas y manos en una línea recta con los brazos. No doblar la muñeca, hacia atrás o hacia adelante.

Para el alivio inmediato del dolor, un remedio natural muy probablemente existe en su refrigerador. Una bolsa de guisantes congelados o hielo. envolver los guisantes en una toalla o paño grande y aplicar la compresa a la zona lesionada durante diez minutos. Los analgésicos como ibuprofeno, naproxeno, aspirina o acetaminofén también son útiles y deberían estar disponibles en el botiquín de la cocina. Ibuprofeno o el naproxeno son preferibles en este caso, como anti inflamatorios, pueden ayudar a relajar los músculos tensos y reducir la hinchazón, así como aliviar el dolor asociado.

Huesos Rotos

El síndrome del túnel carpiano no es la única baja entre una multiplicidad de la columna vertebral y los músculos tensos y fracturas de los huesos que pueden ocurrir en la cocina. Estos pueden variar desde un dolor de espalda o de la columna vertebral debido a las largas horas pasadas en los pies para manos y brazos agarrotados musculos, debido a cortar, picar, o batiendo, a un tirón muscular de espalda al levantar una olla grande de asado o pavo dentro o fuera de el horno.

De hecho, uno de los sucesos accidentales más debilitantes que pueden ocurrir en la cocina de su casa es cuando un chef deja caer un objeto pesado, tales como carne a la cacerola en el horno, una panificadora automática pesada, etc - y cae en un pie rompiéndolo. Otro caso bastante frecuente podría ser resbalar y caer en algo derramado en el suelo, con una ruptura resultante de brazo, pie o pierna u otro miembro.

Innecsario decir un brazo roto, pie o pierna requiere atención médica inmediata de emergencia. El chef en casa, invitado u otro individuo en la cocina debe llamar a los paramédicos (9-1-1) o la víctima puede ser llevado inmediatamente al hospital más cercano. sala de emergencias o clínica médica y recibir atención profesional y cuidado.

En el ínterin, si es posible, es extremadamente importante no mover la extremidad rota, apéndice, de la persona, a menos que sea absolutamente necesario. Esto es especialmente crítico si una lesión en la cabeza, el cuello o la espalda está implicada o se sospecha. La razón es que los huesos rotos, ya sean internos o expuesto a través de la piel, pueden conducir a una variedad de numerosas complicaciones. Estos pueden ir desde la infección hasta la parálisis de cortar o cortar los nervios internos, órganos o arterias o vasos sanguíneos.

Dos reglas que guían y se aplican a fracturas de los huesos:

En primer lugar, obtener asistencia de emergencia médica profesional inmediata. Llamar al 9-1-1 o cualquier unidad de respuesta de emergencia médica inmediata y / o la cabeza adecuado para la sala de emergencia o centro médico de emergencia.

La segunda, si de alguna manera creo que un hueso se rompe, actuar como es. Lo mejor aquí para errar por el lado del conservadurismo. Al igual que con los cortes y pinchazos, si el hueso sobresale a través de la piel, aplicar una gasa estéril, toalla limpia o un paño limpio sobre la ruptura y detener la hemorragia.

Si el individuo se va a mover, el hueso roto debe ser efectuada con una férula para mantener el hueso y no se mueva. Una férula simple puede estar hecho de un trozo de madera. atado por amplios trozos de tela. En el caso que estas no están disponibles, la colocación de cartón de una caja de cartón o un fajo de páginas de los periódicos de todo el área lesionada y asegurar aquellos con pedazos de tela o incluso cinturones de pantalón pueden hacer una tablilla temporal (Diagrama). Acolchado de tela, o una manta o una toalla, se deben colocar dentro del rollo de papel grueso o cartón para mayor comodidad y mayor seguridad. Se necesitan tiras de tela de eventos, no ser meticulosos sobre la rasgadura de una toalla buena, una servilleta o un mantel.

Un cabestrillo también debe ser diseñado a partir de una tela grande para mantener los antebrazos, las muñecas o las manos para que no se muevan. El chef puede hacer un cabestrillo a cabo de cualquier tela grande, parte de un mantel, una toalla grande. o una camisa. La tela debe ser doblado encima en un triángulo, el codo del brazo debe ser colocado en el pliegue del triángulo y los dos cabos sueltos atados alrededor del cuello de la víctima. El brazo recae en última instancia en la tela doblada contra el estómago de la víctima.

Dedo y dedos de los pies, puede obtenerse mediante extracción de una pequeña pieza de tela acolchada o hecha una bola o una bola de algodón, e insertándolo entre el dedo o dedos del pie roto y un dígito contigua para el que no está roto. Rollo de cinta adhesiva sobre los dos, asegurándolos juntos.

El inferior de las piernas, puede obtenerse mediante el uso de una manta enrollada de la misma manera que el periódico usado para los descansos de brazo. Pero al igual que en el caso de los pies o dedos rotos, envolver la manta alrededor de la pierna lesionada y luego atar la pierna con mantilla a una buena pierna de la persona. Obviamente, el individuo tendrá que ser llevado a la sala de emergencias. Si el chef tiene un palo de escoba o una escoba o palos disponibles, éstas también podrían ser empleados para modelar férulas temporales de las piernas.

Roturas que implican los muslos y las caderas deben esperar a los paramédicos o equipos médicos de emergencia para ser atendidos. Éstas pausas no deben ser trasladados si tienen tablillas de madera, deben ser conformados para llegar desde la axila hasta el pie y de la cintura o la ingle hasta el pie. Ellos estarán rellenas y asegurados.

Una simple tablilla temporal de emergencia hecha de papel periodico

Tensión muscular

El cocinero casero quien prepara un pollo fricassée, cordero o un pot-au- feu, ya está familiarizado con anatomía, una gran cantidad de la anatomía de los animales es similar al de los humanos. No hay duda de que el chef casero, cuando, por ejemplo, esta preparando el pollo, con los huesos adyacentes musculares cartilaginosos, Se trata de un ligamento, una banda resistente dura de tejido muscular que conecta una articulacion del hueso al músculo que lo opera.

A veces, cuando está bajo presión o fuerza, estos ligamentos son estirados o demasiado ajustados y producen dolor, hinchazón o incluso esguinces o magulladuras son particularmente comunes en las muñecas. los dedos, las rodillas y los tobillos. Las formas más comunes los esguinces en la cocina de su casa puede ocurrir con los dedos, por ejemplo, al abrir tapas herméticas en jalea de la mantequilla de maní o tarros de salsa de tomate, la apertura de latas con un abrelatas, obligando a abrir frascos y botellas, o levantar objetos pesados, como ollas grandes.

Los estirones leves pueden ser atendidos por la colocación de hielo envuelto en una toalla o servilleta sobre la zona lesionada. Una bolsa de guisantes congelados o verduras se puede utilizar en lugar del hielo. Una venda elástica. disponibles en las farmacias y tiendas de suministros del hospital, se puede utilizar para aliviar el estiron. usted debe comenzar a vender empezando de abajo de la zona tensa y seguir vendando hacia arriba. No hay una cocina en casa que debe estar sin una venda elástica o dos en su botiquín de emergencia (capítulo 14).

En cualquier caso, los estirones severos necesitan atención médica profesional. Un estiron severo o un esguince se pueden caracterizar como cualquier esguince o distensión donde un sonido puede ser escuchado, tales como el "crack" pop "o" rip. Estos deben ser tratados tan seriamente como un hueso roto, como un músculo o ligamento, por ejemplo, puede haber desgaro. No hay necesidad de perder el tiempo para llegar a la sala de emergencias.

Espalda Baja

La mayoría de las lesiones de espalda y musculares se producen en la cocina debido a algún movimiento extraño que el chef hace: un giro extraño aquí, un toque allí, un pivote aquí. técnicas inapropiadas también pueden tener sus consecuencias (sí, hay maneras apropiadas para levantar objetos pesados). Al levantar una olla de asado, una sarten con cerdo grande o un plato de lubina entera, por ejemplo, recuerde que debe mantener sus brazos rígidos, doblar las rodillas, y levante el ensamblaje con las rodillas. No trate de dar un tirón a la olla pesada fuera del horno con el torso o los brazos por que así te puedes buscar problemas.

Mucho dolor de espalda se expresa en la espalda baja. Al igual que otras condiciones médicas, dolor de espalda baja puede, en algunos casos, ser un síntoma de una causa médica subyacente más grave. En caso de producirse entumecimiento o debilidad en las extremidades inferior de la espalda o de otro tipo, llame al 9-1-1 o dirigirse a la sala de emergencias, ya que puede haber daño a los nervios involucrados. Una vez dicho esto, estamos aquí sólo interesados con dolor de espalda que está directamente relacionado con la actividad de la cocina donde la acción y la reacción del cuerpo están claramente identificados.

Dolor severo de la espalda, por alzar ollas grandes o parado durante horas mientras hace una comida, puede reducirse mediante la aplicación de una compresa de hielo en el área afectada, como antes mencionamos. hielo envuelto en una bolsa de plástico o una toalla puede usarse, en cambio. también ayudará a reducir la hinchazón en el músculo. bolsas de hielo pre-hechos están disponibles en farmacias y tiendas. Se pueden conservar en el refrigerador y se utilizan más de una vez. Un buen paquete de hielo se debe aplicar generalmente durante aproximadamente un cuarto de hora, cada hora.

Al igual que con otros dolores musculares, ibuprofeno. naproxeno, aspirina o acetaminofén son todos buenos para aliviar el dolor. El ibuprofeno y el naproxeno son especialmente recomendados. ya que no son esteroides anti-inflamatorios, y ayudarán a relajar los músculos, así como reducir o aliviar el dolor.

Si su espalda esta muy dolorosa, un buen método para aliviar la presión es acostarse en el suelo sobre su espalda. Levante las rodillas y levante los brazos inferiores con almohadas o una manta enrollada.

A veces, durante el trabajo de alta resistencia extendida en los pies, el dolor de espalda se puede combinar con el síndrome del túnel carpiano, una combinación agonizante. También en este caso, un descanso en el piso, con las manos relajadas a sus lados, puede ofrecer alivio.

La buena postura también es importante para ayudar a aliviar el dolor de espalda. El chef en casa, para su entrenamiento gastronómico, tal vez desee adquirir un soporte en la espalda elástica simple, disponible en farmacias y droguerías para envolver alrededor de su cintura cuando esta de pie por largos periodos de tiempo preparando comida. En los casos graves, las abrazaderas de servicio pesado, los tipos de abrazadera que usan los movedores de muebles, podría sugerirse. Estos están disponibles para su compra.

Usar zapatos adecuados también son esenciales para una buena postura y menos desgaste en el pie, tobillo y músculos de las piernas se recomiendan los zapatos con las partes inferiores anti deslizantes y buenas plantillas, son una buena elección. esteras gruesas de suelo de caucho o una esponja, que se utilizan para fines comerciales industriales y ciertos deportes, como levantamiento de pesas, también están disponibles. Facilitan menor estrés de espalda y piernas y menos fatiga y ayudar a proporcionar una mejor circulación de la sangre.

Por último, por el bien de la espalda y otras partes del cuerpo, asegúrese de que su cocina; tiene una superficie del suelo anti deslizante ? Si no lo hace, puede encerar el piso con una cera anti deslizante. En cualquier caso, asegúrese de no encerar su piso de la cocina con una cera con un acabado resbaladizo.

Medidas preventivas

- Utilice un abridor de goma para abrir tapas herméticas en las botellas y tarros.
- Al levantar una olla de carne asada en una cacerola grande del cochinillo o placa de toda la lubina, recuerde que debe mantener sus brazos constante, doblar las rodillas, y levante el ensamblaje con las rodillas. No trate de tirar la olla pesada de la estufa con su torso o los brazos a los mismos.
- Use zapatos cómodos con las partes inferiores anti deslizantes y buenas plantillas, o zapatillas de deporte.

IV

Atragantamiento y Asfixia

El atragantamiento y la asfixia son graves emergencias médicas que pueden pasarle fácilmente al chef en la cocina o al invitado en el comedor. Es la única actividad peligrosa en el comedor que está más estrechamente relacionada con la alimentación: rellenar demasiada comida en la boca. Y lo mejor y más sabroso de la cocina, mayor es la probabilidad de ocurrencia.

Cualquier persona que practica el arte de la cocina en casa debe estar familiarizado con lo que debe hacer cuando, por ejemplo, es muy comun que ocurra en los restaurantes, una cena de embriaguez o entusiasta ingiere una parte demasiado grande de alimento en su boca y se traga.

Mientras el ahogamiento y asfixia puede ser causada por muchas condiciones médicas diferentes - y podría haber numerosas causas subyacentes involucrados- estamos abordando sólo el diagnóstico inmediato de emergencia de un obstáculo, por lo general una sustancia alimenticia, ya sea una bola de carne masticada o pasta, en el pasaje de la vía aérea. El objetivo inmediato es desbloquear las vías respiratorias mediante la eliminación de los obstáculos para obtener la respiración sin obstrucciones.

En el caso de atragantamiento o asfixia, el tiempo es esencial. La literatura médica muestra que una persona puede estar sin respirar durante menos de uno a dos minutos. Los signos de asfixia incluyen coloración azulada de la cara, pulso acelerado, sudoración pesada y los ojos saltones.

Algunos restaurantes, debido a la similitud de esta emergencia y la necesidad de tomar medidas inmediatas, coloca señales de la maniobra de Heimlich en las paredes de sus restaurantes o en las cocinas.

La maniobra de Heimlich fue el nombre del Dr. Harry Heimlich, un cirujano torácico Americano. Los pasos se completan de la siguiente manera: en primer lugar, agarra a la víctima por detrás en un abrazo de oso con una de sus manos hechas en un puño. Asegúrese de que el lado del pulgar del puño se coloca en el medio del estómago, por encima del ombligo y por debajo de las costillas. Luego tomar el puño con la otra mano y agarrar con fuerza. Con fuerza y rápidamente, tire hacia arriba en el estómago a cinco veces parecido a sacudidas hacia arriba. Si la comida no sale, vuelve a intentarlo.

Auto-Maniobra de Heimlich

Es posible que desee romper el esquema de la página completa de la maniobra de Heimlich (página anterior) de este libro y que lo ponga en el lado de su refrigerador o un lugar similar.

El punto clave para tener en cuenta en un incidente de asfixia es si la persona está recibiendo suficiente aire. Es posible ver si la persona está respirando, como cuando la persona es capaz de toser o hablar. Si la persona no puede conseguir nada de aire, utilice el Heimlich. Como primer paso, antes de realizar una Heimlich, el individuo debe ser animado a toser para ver si el manojo de comida pueda ser expectorado. El atragantamiento, que corta el suministro de oxígeno, puede conducir rápidamente a la asfixia.

Los signos de asfixia incluyen ojos saltones y una cara azulada, sibilancias aguda y una incapacidad para toser, hablar o respirar. En lo peor, la persona puede hundirse en la inconsciencia.

En el caso de que cualquiera de estas enfermedades graves, se debe llamar al 911 inmediatamente, y / o asistencia médica de urgencia, debe buscarse inmediatamente la sala de emergencias, médico o paramédico. El tiempo es la esencia.

En caso de que la persona pierde el conocimiento mientras que el jefe de cocina o un ayudante está llamando al 9-1-1, la persona debe ser colocada boca arriba en el piso u otra superficie dura, soportable. Como primer paso, inspección de la boca y ver si hay algo allí que se puede quitar con los dedos. (Ver huesos pegados en la página 34.) El segundo paso: inclinar la cabeza hacia atrás y levante la barbilla para abrir la vía aérea.

Si la persona no está respirando, tratar de resucitarlo a el o ella con su propia respiración, forzando el aire a los pulmones de la persona. Con una mano, cierre la nariz de la persona acostada, selle su boca sobre la boca de la persona. Respiración boca a boca, Respira largo y duro en la boca de la persona. Esto debe ser larga y duradera lo suficiente para que pueda ver elevar el pecho de la persona. Si esto no funciona, incline la cabeza de la persona hacia atrás más y vuelve a intentarlo un par de veces.

Si no funciona, trate con supina de Heimlich: horcajadas sobre la persona con las piernas, poniendo la palma de sus manos en el medio del estómago justo debajo de las costillas y por encima del ombligo Ponga la otra mano en la parte superior de la mano en el estómago y rápidamente y con fuerza empuje hacia arriba en el estómago hacia la cabeza de la persona. Pruebe esto cinco veces.

En su defecto, y si no ve el pecho subiendo, y comprueba la boca de nuevo, y hace cinco compresiones y dos respiraciones en la boca. Siga haciendo esto hasta que llegue la ayuda médica profesional, tales como un equipo de paramédicos o una ambulancia.

Por esta razón, la cómoda familiaridad con el Heimlich es necesario y, para el cocinero que cocina y entretiene mucho. simulacros y ejercicios de práctica, digamos, con un miembro de la familia podría ser una manera fácil para familiarizarse con esta herramienta útil en el caso de un momento lleno de tensión de una emergencia médica. Se recomienda que cualquier cocinero casero serio que hace una buena cantidad de entretenimiento a tener a la mano en la cocina de una tarjeta que muestra cómo realizar la maniobra de Heimlich, así como un diagrama de la reanimación cardiopulmonar (capítulos 4 y 11, respectivamente) para una referencia fácil e inmediata.

Huesos Atascados

Otra fuente más común de atragantamiento y asfixia en la cocina de casa o restaurante es el alojamiento de un hueso en la garganta o la tráquea. Esto puede ir desde una espina de pescado aguda empalado en la cavidad bucal, una gran espina de pescado o hueso de pollo presentado en la propia tráquea.

Mientras que el Heimlich podría intentarse en esta situación, puede que no funcione debido a que el hueso o el objeto pueden estar pegados (como una espina de pescado, por ejemplo) en la capa epidérmica de la garganta por lo tanto, debe ser extraído.

Para emergencias de este tipo, todas las cocinas del hogar deben estar equipado con un par de pinzas quirúrgicas y tenazas. Estos son pinzas quirúrgicas, de acero inoxidable de larga nariz delgados utilizados en hospitales y consultorios médicos y clínicas médicas. Se pueden obtener en cualquier tienda de suministros médicos. También es imperativo que en el gabinete de emergencia de la cocina debe estar equipado con una linterna---preferiblemente una de alta intensidad delgada, linterna de tallo largo que es posible que haya visto a su uso médico al examinar la garganta o los ojos. Esto es necesario con el fin de mirar en la garganta para la orientación precisa de los fórceps. Un depresor de la lengua es también una herramienta útil para tener a mano en este caso. linternas médicos de bajo costo y depresores de lengua también están disponibles en tiendas de suministros médicos.

En caso de necesidad, un fórceps no sería más práctico, de cuello largo o de cuello de cisne, pinzas del garaje se pueden utilizar para extraer el objeto. Recuerde, sin embargo, esterilizarlos, en alcohol o pinzas antisépticas, ásperos o sucios adecuados antes de introducir en la boca para evitar complicaciones posteriores de la infección y la enfermedad.

Solo en casa

Ahhh! Usted ha estado trabajando toda la tarde en la cocina en un cuscús deconstruido. El pollo está hilvanada a un destello de color ocre tentadora. El vino, una Grgich Chardonnay 1992, va a ser un excelente complemento a esta no nouvelle, no es nouvelle, pero realmente preparado postmodernly plato del norte de África, ya sabes porque has estado probando una botella a medida que trabaja, para llevar a cabo la inspiración que late en el corazón del chef sabe que es. Por qué, para asegurar la autenticidad de la comida, incluso hizo su propio pan de pita.

Pensando en un pan de pita, tiempo antes de la cena, al menos una hora y media antes de que lleguen-los invitados, siente como su estómago gruñe. El hambre ha construido a lo largo de las horas en el mostrador, y al momento de registrarse el arroz sazonado por décima vez, se coge un trozo de pan pita caliente del horno y mete un gran trozo en la boca. De repente, se empieza a ahogarse y sibilancias, las lágrimas de los ojos. Jadear en busca de aire.

La esposa todavía está en el trabajo. Los niños están en la escuela. Y usted está teniendo problemas para respirar. ¿Qué hacer?

Al igual que con todas las emergencias médicas en la cocina, llame al 9-1-1 o una unidad de emergencia médica o instalación como primer acto, siempre que pueda, incluso si usted no puede hablar.

Entonces, como un paso inmediato, vaya a un espejo abrir la boca y mirar. Si se puede ver lo que está atascado, tire de él. Si no puede verlo, no intente maniobrar los dedos hacia abajo su garganta, ya que si finalmente no puede agarrarlo, se puede meter más abajo. A falta de resultados, debe realizar una maniobra de Heimlich en uno mismo.

Al igual que con la realizacion de maniobra de Heimlich en otra persona, hacer un puño con una mano y ponerlo en el centro de su estomago. Se debe ir entre las costillas y el ombligo. Tome la otra mano y de puno sobre la mano de puno. Luego, utilizando la mano metida empujar con fuerza y rápidamente la mano puño hacia arriba y hacia el estómago. El objeto, en este caso, un fajo de pita debe salir.

Otro método de administración de un auto-Heimlich es utilizar el respaldo de una silla o algún otro, el apoyo firme y duro. Párese detrás de la silla en la parte superior trasera de la silla contra su estómago, a medio camino entre las costillas y el ombligo. La altura se puede ajustar por la inclinación de la silla. Inclínate hacia delante la silla hacia atrás, y presione el estómago contra ella por la fuerza. Aquí, de nuevo, el taco, trozo, o un objeto debe salir. (Ver esquema en la página 38).

Aunque no es exhaustiva, aquí son los principales tipos de asfixia que potencialmente pueden ocurrir en la cocina por accidente y qué hacer con ellos.

Auto Maniobra de Heimlich

La estrangulación

Como regla general, cualquier dispositivo de rotación en la cocina presenta un potencial, y un posible riesgo, que amenaza la vida. Estos incluyen trituradores de basura, batidoras eléctricas, fabricantes de pan automáticas, exprimidores eléctricos, molinillos de café, y abrelatas eléctricos.

Por esta razón, una regla de oro para el cocinero casero es no tener ninguna pieza de ropa suelta colgando de su persona. Si bien puede sonar extraño, una emergencia médica muy común en la cocina es una corbata cuando se ve atrapado en un triturador de basura dando vueltas cuando el chef de casa está inclinado sobre el fregadero. La acción es tan rápida que la cabeza y el cuello son atraídos hasta el nivel disipador tan rápido que no hay tiempo para desactivar el inturruptor de eliminación, que es por lo general en una pared a poca distancia de la pileta. Este tipo de accidente, como es el caso con casi todos los accidentes, se produce cuando el chef se distrae bajo las presiones de tiempo o realizar múltiples tareas entre los platos, ollas, cocinar y cocer al vapor y así sucesivamente.

Muy a menudo este es el caso cuando el chef ha vuelto a casa después de un día completo de trabajo en la oficina y se apresuró a duplicar la última receta que él o ella tal vez vio al cocinero hacer la otra noche en el canal de cocina. Demasiadas distracciones: el ajuste seguro para el descuido y el peligro. Mientras que hay pocas posibilidades de que cualquier parte del cuerpo entrará en la disposición, la acción inmediata es detener su funcionamiento apagando el interruptor. Sin embargo, esto por sí solo, no necesariamente va a asegurar la supervivencia de la asfixia u otros daños graves causados por la falta de oxígeno.

En el caso de este tipo de emergencia, la acción IMMEDIATA es que, con un cuchillo o unas tijeras, cortar el lazo lejos de la persona.

Esto puede estar en cualquier lugar donde una hoja de cuchillo afilado o tijeras se pueden insertar en la unión del pozo de eliminación y el cuello o en la parte trasera lateral del collar.

Desde un punto de vista preventivo, se recomienda que el cocinero casero siempre use un delantal de cocina mientras cocina y limpia en la cocina o, si se prefiere, Una toca de chef de los restaurantes profesionales de tipo desgaste. No es para que se vean como chef, pero debido a la protección que garantizan del calor, salpicaduras, derrames y así sucesivamente. Excusado es decir que. toda la ropa suelta, como las corbatas, colgantes abiertas, mangas colgantes, collares, bufandas y collares o pulseras colgantes, se debe quitar antes de entrar en la cocina. Un número de delantales de cocina inteligente y atractiva y toques están disponibles para su uso en el hogar y se pueden comprar directamente de una tienda, por correo o por Internet.

Medidas Preventivas

- No debe comer o ser observador de la forma en que está comiendo, si estás borracho, ebrio o ha tenido una gran cantidad de alcohol. La asfixia con una parte jugosa, de tamaño humano de T-bone o lomo de ternera es un clásico que todos los restauradores están familiarizados.
- No hablar o reír con la boca rellena por completo de los alimentos.
- Ampliar los elementos seguros se corta la alimentación, en particular duro o firme, en trozos pequeños o más bien pequeñas.

- Asegúrese de masticar adecuadamente la comida en la boca. Si necesita que sea más suave, masticar con un pequeño sorbo de agua, vino u otra bebida.

- Tome su tiempo. Comer es para ser disfrutado. ¿Verdad? Saborear su comida, la textura, las especias o hierbas, los condimentos, el aroma. No comer rápidamente, y desde luego no empernar o engullir grandes pedazos de comida. Es malo para la digestión, sino que arruina la experiencia de comer bien, y se puede ahogar.

- Abstenerse de usar ropa suelta o colgando mientras se cocina en la cocina. Es recomendable quitar las corbatas bufandas y joyería colgante.

- Siempre use un delantal o toque en la preparación de comidas grandes.

- Practicar los movimientos de la maniobra de Heimlich con un miembro de la familia o un amigo, para conseguir la sensación de ella.

V

Reacciones Alérgicas

No hace mucho tiempo atrás, tuvimos el placer de recibir una cena en honor a nuestro 25 aniversario de boda. Una ocasión especial, que sacó el mantel de encaje de lino fino, las placas de vajilla de porcelana y plata de ley. El plato principal, seleccionado de entre el Larousse Gastronomique y reimpreso en la edición de otoño de las revista Bon Appetite, fue un ragout de cordero, con amor cocido en la olla, idéntica a la del mismo plato campesino que habíamos probado en la Provenza, en unas maravillosas vacaciones hace dos años para el sur de Francia.

Habíamos invitado a doce de nuestros amigos más queridos y más cercanos para una noche de bonhomie y la nostalgia romántica. El vino seleccionado de nuestra modesta pero selecta bodega era un Chateau Lafite Rothschild Grand Cruz Cabernet Sauvignon 1975.

Un cálido fuego ardiendo en la chimenea, que se reunieron en buena y abundante alegría en la mesa de la cena, el vino se vierte y se les dio varias tostadas. Como se pronunció la última tostada, y un rubor caliente cruzó nuestras mejillas, Arthur A., que estaba sentado hacia el extremo de la mesa, comenzó a toser violentamente y jadeo por el aire. Agua y palmaditas en la espalda, se ofrecieron en vano, ya que la tos de Arthur se hizo cada vez más fuerte y espasmódica. Todo un giro de los acontecimientos en lo que se supone que es el más bonito de la cena de nuestras vidas!

Como estábamos a descubrir, con Arthur descansando cómodamente en una habitación de arriba, la escoria de la botella de vino habían sido vertidos en el último brindis, las últimas gotas derramadas muy tiernamente en copa de cristal de ancho de Arthur. Sin el conocimiento de cualquiera de nosotros en la mesa, la escoria de la botella que contiene, años de sentarse en el estante a la espera de este momento especial, una concentración de sulfites-una sustancia química natural que Arthur A. era alérgico.

Este incidente, afortunadamente resuelto en favor de Arthur, ilustra un tipo para mí de emergencia común que se presenta con mayor frecuencia en estos días en cocinas de las casas y restaurantes que en épocas anteriores. En tiempos pasados (en realidad no hace tanto tiempo), los alimentos básicos se obtuvieron en la región donde vivía la gente. En otras palabras, los alimentos más o menos autóctona de la zona. Hoy en día, nuestros alimentos pueden venir de cualquier parte, e insistimos en cualquier lugar, en el mundo en un corto plazo. Los productos alimenticios, crudos, frescos, preparados o conservados, viajan durante la noche por el aire. Por otra parte, en la economía estadounidense, como muchos otros países avanzados, hay una mayor abundancia y variedad de alimentos y productos alimenticios disponibles para la población que en cualquier otro momento de la historia del hombre. No sólo en los restaurantes, pero los productos y alimentos que compramos a diario en el supermercado o tienda de comestibles, como visitar su sección de productos locales demostrará con creces. Mandarinas de Brasil, escarola de Ecuador, los tomates de México, raíces de loto de Indonesia, nueces de Tailandia. Hay más de 200 tipos de whisky solo de malta. Y quién sabe cuántas especialidades de cervezas de micro cervecerías?

Por un lado, las personas, que no han crecido con los alimentos como parte de su dieta local o natural, no son capaces de manejar las alergias. Además, la combinación de diferentes extrañas y exóticas plantas y vegetales pueden producir reacciones alérgicas inusuales e inesperados,

Una alergia es una respuesta del sistema inmune del cuerpo a un invasor extraño molecular un patógeno. Estamos más familiarizados con un estornudo, que es la manera del cuerpo de librar al invasor de la nariz, y en última instancia del sistema.

Como hemos visto, no todas las reacciones inmunitarias o las alergias pueden provenir de microbios o virus, como era común pensar que pueden ser provocados por una serie de elementos extraños, orgánicos o inorgánicos: Productos químicos, telas, la luz del sol, y muchos más. Y dependiendo de lo que el elemento infractor es, el sistema inmunológico del cuerpo puede tratar de combatir en una variedad de maneras, por tanto, los síntomas comienzan a aparecer. Aveces los síntomas pueden manifestarse en la piel, como es el caso de urticaria, o estornudos, ardor en los ojos, sensación de ardor, manifestaciones exóticas como *annitis pueritis* (inducida por chocolate), o como en el caso de Arthur, la tos y el músculo constraido.

Al igual que un fabricante o propietario de un restaurante de comida, o tal vez más aún, el cocinero casero para entretener a los invitados tiene una responsabilidad especial para estar al tanto de lo que sus clientes están cenando. Sólo en los últimos años las reacciones alérgicas a los cacahuetes se descubrieron siendo generalizada. Esto ha dado lugar a la decisión de muchas compañías de alimentos para ser más estrictos en el etiquetado de productos que contienen cacahuetes, restaurantes observando sus ingredientes alimentarios e incluso las compañías aéreas que prohíben cacahuetes gratuitos en los aviones. Así que si el cocinero casero va a preparar una obra maestra con leche de nueces orgánicas de la Amazonía, él o ella deben aprender de este ejemplo y con educación alertar a sus huéspedes.

Desde un punto de vista científico y puramente médico, la cocina moderna es el foso de una bruja lleno de productos químicos extraños, condimentos artificiales y productos alimenticios extraños y poco comunes que pueden causar una multiplicidad de reacciones alérgicas. Sería bueno para el cocinero serio esto familiarizado con al menos algunos de estos, y cómo tratar con ellos. Alergias, como hemos señalado, pueden provenirse de varias fuentes y causas.

Aquí, nos ocupamos sólo con aquellos que podrían ser de la cocina y relacionados con la cocina.

Leche, huevos y los mariscos son las reacciones alérgicas alimentarias más comunes, aunque probablemente más que cualquier cosa puede causar una reacción alérgica en base a la composición genética de una persona, por ejemplo, los impares casos en el cual una semilla de sésamo se mezcla en un rodillo liso se vuelve letal.

Manies que ya hemos dicho causan una alergia alimentaria importante, pescados y mariscos, en particular, marisco, son los alimentos alergénicos más comúnmente conocidos que pueden provocar reacciones inmediatas, fuertes, violentos e incluso letales. Crustáceos, en particular, incluiría camarones (como el diablo o divina de camarones, o camarones al ajo) ostras (como en las ostras Rockefeller), mejillones (como en verdes mejillones de Nueva

Zelanda), cangrejo (pasteles de cangrejo de Nueva Inglaterra), o langosta (sopa de langosta), obviamente, cualquier persona con una alergia a los mariscos conocido debe tener cuidado con los platos de sushi o sashimi.

Los resultados de la reacciones alérgicas más graves cuando el oxígeno se corta, como inflamación en la garganta y se cierra. Esto se conoce como shock anafiláctica. El choque anafiláctico puede ser causado por una variedad de sustancias, como las picaduras de abeja, pero aquí sólo se están concentrando en relaciones con la alimentación y la cocina.

El choque alergia alimentaria muestra los mismos síntomas que otros tipos de choque: piel caliente enrojecida en la cara o en otras partes, intenso picazón o urticaria o bultos, sibilancias y dificultad para respirar, hinchazón rápida de la lengua o los latidos del corazón, calambres, dolor de estómago, náuseas, vómitos, mareos o incluso perder el conocimiento.

En caso de reacción alérgica grave o choque anafiláctica, llame inmediatamente al 911 y pedir ayuda de emergencia médica o asesoramiento profesional. Luego, inmediatamente lleve a la persona a una sala de emergencia medica o instalación.

El remedio más inmediato para el choque anafiláctico severo es dar a la persona un antihistamínico o una inyección administrada por vía hipodérmica de epinefrina. Ya que estos no se encuentran muy comúnmente no necesariamente disponible en muchos hogares, el chef preparado debe mantener un antihistamínico o de una sola dosis hipodérmica inyectable en su kit de suministros médicos cocina (Capítulo 14).

En el caso de que una persona pierda la conciencia, debe hacerse todo lo posible para mantener el oxígeno que fluye a los pulmones. Eso significa que la vía aérea debe mantenerse abierta. Colocar a la víctima en el suelo y arrodillarse junto a él o ella el brazo de la persona más cercana a usted debe mantenerse recta y quedar debajo del cuerpo. El otro brazo de la persona se debe colocar a través de su pecho. el tobillo de manera más alejado del que se debe colocar sobre la más cercana a usted. con la cabeza de la persona en su mano, tire de la persona sobre su lado. usted puede hacer esto con la ayuda de la ropa de la persona. Cuando el cuerpo rueda, apoyar el cuerpo con las rodillas, por lo que no hay fracaso.

Incline la barbilla de la persona hacia atrás para abrir la vía aérea. para sostener el cuerpo, doblar el brazo superior y la rodilla. Esto también debería ayudar a hacer más fácil la respiración el brazo inferior debe estar acostado derecho detrás del cuerpo, de debajo de ella.

Compruebe la respiración de la persona. Si no hay respiración o el pulso, debe comenzar la resucitación cardiopulmonar. Véase el capitulo 11 para una descripción y un diagrama de cómo realizar la reanimación cardiopulmonar o RCP. Se sugiere que este diagrama sea arrancado de este libro y se coloque en algún lugar en la cocina inmediatamente disponible, el mismo que para la maniobra de Heimlich.

VI

Problemas Dermatológicos y Cuidado de la Piel

La cocina de su casa contiene muchos peligros potenciales para la piel. Agua caliente, calor, jabones, detergentes e ingredientes para cocinar todos toman su peaje en la epidermis. Todos son capaces de inducir erupciones irritantes y picazón, así como la piel seca, escamosa. por lo tanto hay una multiplicidad de problemas dermatológicos asociados a la cocina, que van desde las manos agrietadas que resultan de lavar los platos a una erupción en toda regla de parches de piel roja y picor enloquecedor de trabajar con aves de corral o ciertos otros vegetales. La mayoría de las erupciones y picores normalmente desaparecen por si solos.

Los médicos (dermatólogos) tienen un nombre para este tipo de erupción o picor: dermatitis de contacto, que resulta de entrar en contacto con algo que irrita la piel. Esto puede ir desde, como hemos dicho, la comida y jabones, detergentes e incluso otros productos químicos (tales como soluciones de limpieza) y materiales. En general, las erupciones rojas, protuberancias y ampollas distinguen la dermatitis de contacto. Pueden aparecer en cualquier parte del cuerpo.

Sarpullidos y picores (incluyendo dermatitis severa con pus, escalas, cráteres, etc.) también pueden ser el resultado de condiciones médicas subyacentes, como el estrés. Aquí estamos hablando sólo las erupciones y picores que se producen inmediatamente en la cocina en contratos con una sustancia irritante o extraña.

¿Qué hacer?

La aplicación de hidrocortisona o difenhidramina pueden aliviar rápidamente la mayoría de las erupciones y picores que se producen por el contacto en la cocina. Estos son los antihistamínicos, los cuales bloquean la producción de histamina, que el cuerpo produce para combatir la irritación. lo que produce una erupción o picor. Los antihistamínicos son de venta sin receta en su sección remedio farmacia o supermercado. Le recomendamos que el cocinero casero tenga un pequeño tubo en su cocina, equipo de emergencia médica para él mismo o para los huéspedes que pueden entrar en erupción con una picazón o erupción.

Intenta, como puede ser que, no se rasque el parche infractor de la piel. Usted no desea romper la piel por el rascado, ya que podría empeorar la condición. Además, podría conducir a la infección.

En caso de irritación de la piel causada por una sustancia química de algún tipo, el chef debe limpiar primero el área con jabón Luego, él o ella debe colocar su mano bajo el grifo del fregadero de la cocina y dejar que el agua corra sobre ella durante varios minutos. El tratamiento de una dermatitis de contacto de un producto químico no debe ser confundido con una quemadura química o reacción alérgica. Ellos son diferentes y deben ser tratados de manera diferente que la dermatitis de contacto.

Dado que la mayoría de dermatitis de contacto en la cocina por lo general se centra en el lavado de platos, es recomendable que el cocinero casero asegure un par de guantes para usar para lavar los platos. guantes de látex o de goma que se están fácilmente disponibles en los supermercados, y estos son excelentes para el manejo de productos químicos tales como los utilizados para recorrer encimera de la cocina tapas, baldosas de cocina, suelos de linóleo o en cocinas. Sin embargo, no pueden ser el boleto para todos los cocineros a la hora de usarlos continuamente para lavar platos. Esto se debe a que algunas personas tienen reacciones alérgicas al látex, un alergeno conocido. Cocineros con alergias al látex o de goma deben buscar los guantes que son de látex o de goma en el exterior, pero forrado por dentro con algún otro material, tal como tela, para el chef que entretiene mucho, para reducir el castigo de las manos en la cocina, él o ella debe obtener una buena crema hidratante y aplicarlo por la noche o por la mañana, Esto ayudará a mantener el desgaste sobre la piel, y ayudara a reducir la piel seca, arrugada, con escamas de color blanco o apariencia agrietada de las manos después que la comida ha terminado, los huéspedes se han ido, y los platos lavados.

La cocina es excepcionalmente caliente, el chef puede desear invertir un pequeño humidificador de ambiente para mantener el aire en la cocina húmedo. Esto reducirá la deshidratación y el agrietmiento de la cara, un acontecimiento seguro si la cara del cocinero que entra y sale del horno que comprueba el hornear, asar o guisar.

También ayudará a reducir la fractura o el cabello seco causado por el calor abrasador.

Las uñas también pueden recibir un golpe al hacer una comida o limpiar después. Embotado, astillados y desguazado clavos de trabajo de la cocina no son problemas médicos graves. Pero ciertamente presentan un problema cosmético. El uso de guantes de cocina ayudará a reducir a las uñas de la exposición al clima hostil de la cocina.

Medidas Preventivas

- Use guantes para lavar los platos o limpiador o encimera con soluciones de limpieza química.
- Considere el uso de soluciones de limpieza orgánicos o hipoalergénicos para lavar platos.
- Utilizar una buena crema hidratante en sus manos la noche anterior o la mañana del día que está cocinando.
- Considere la compra de un humidificador para la cocina si el aire es siempre cálido y seco.

VII

Enfermedades Infecciosas e Intoxicación Alimentaria

La intoxicación alimentaria proviene de alimentos en mal estado o podridos como las frutas frescas que han sido contaminados con bacterias, pesticidas o productos químicos agrícolas.

La mayoría de las bacterias, los virus y organismos patógenos dañinos para el cuerpo humano puede tomar entre 12 a 48 horas para germinar y estallar en los síntomas, mucho después de su almuerzo o cena del partido terminado.

Creemos que vivimos en un mundo seguro y estéril, especialmente en los Estados Unidos. Pero de hecho, nuestro suministro de alimentos está altamente contaminada con productos químicos, pesticidas, hormonas y bacterias de toda la variedad. formas, tamaños y maldad. De acuerdo con los informes de la literatura del Comité de Médicos por una Medicina Responsable, la incidencia anual de enfermedades transmitidas por alimentos gama de 6.5 a 81 millones de personas infectadas. La gran mayoría de los casos que se reportan pasan desapercibida. De 1973 a 1987,

7,458 brotes, que implica 237,545 casos de intoxicación alimentaria fueron reportados a los Centros para el Control y la Prevención de Enfermedades (CPE). Las infecciones bacterianas causadas 66 por ciento de los brotes. 87 por ciento de los casos, y 90 por ciento de las víctimas mortales. Carne de res, productos lácteos, carne de cerdo y aves de corral se asocian generalmente con estos casos. Se ha estimado que aproximadamente el 90 por ciento de los pollos en los U.S. llevan chlamybacter. En 1998, se produjeron un estimado de 8 millones de casos de enfermedades transmitidas por alimentos, según el CPE.

Según los CPE, más de 200 enfermedades pueden transmitirse a través de alimentos. La revista de Enfermedades Infecciosas Emergentes (Septiembre de 1999) informa que algunos de 79 millones de enfermedades transmitidas por alimentos ocurren en los Estados Unidos cada año. Estos dan lugar a un estimado de 325,000 hospitalizaciones y 5,000 muertes.

Esta es una extraordinaria buena razón para seguir los avisos e instrucciones en cada paquete de pollo crudo, huevos, carne de res y otras aves de corral. la contaminación por contacto con carne infectada o utensilios contaminados o superficies de la cocina - es un peligro persistente. Asegúrese de limpiar, con una solución estéril, cortando en bloques, utensilios o cualquier otra cosa que pueda haber estado en contacto con, sin cocer el pollo crudo o cortar carnes crudas. Los huevos de pollo en mal estado o agrietados deben ser desechados. No hace falta decir, todos los alimentos deben estar bien cocidos y no medio crudo. Además, para evitar la contaminación cruzada, los alimentos deben mantenerse separados en bolsas de la compra. Por ejemplo, las carnes y aves deben mantenerse separados en bolsas de hortalizas y verduras de hoja verde, lo mismo en casa en la nevera.

Los casos de infección transmitida por los alimentos y la intoxicación alimentaria, si es que lo sospecha, deben ser tratados por la profesión médica y la atención médica profesional inmediata buscado. Además de una amplia variedad de síntomas graves y otras complicaciones, puede ser necesaria la administración de antibióticos y otros farmacos recetados.

También es importante saber que hay un gran número y variedad de problemas médicos que presentan síntomas de intoxicación alimentaria, tales como náuseas, diarrea y vómitos, como parte de la sintomatología. Estamos aquí, de nuevo, sólo nos referimos a los conceptos básicos de aquellos que pudieran implicar, alimentos que pueden o deben ser tratados durante el curso de una comida en casa. Tales condiciones que los parásitos internos, úlceras gástricas, enfermedades cardiovasculares o del corazón, todos los cuales pueden implicar náuseas, así como enfermedades con síntomas más tarde se manifiestan, quedan fuera del ámbito de este libro y es mejor dejarlo, diagnosticado y tratado por la profesión médica.

Nosotros por lo tanto, al tiempo que advierte el cocinero casero que guarden todas las normas sanitarias adecuadas para la manipulación de alimentos y la cocina, nos ocupamos aquí con esos patógenos relacionados con los alimentos que manifiestan síntomas en el curso de varias horas, la longitud promedio de una cena en casa.

Ligeros casos de intoxicación alimentaria, desde las bacterias, los virus o con productos químicos pueden durar menos de un par de horas más o menos. Ellos pueden entrar en erupción durante una comida y, no por la comida en sí, por coincidencia de o en combinación con entremeses o algo ingerido antes de la llegada. A pesar de que puede ser de duración relativamente corta, sus efectos en el cuerpo puede ser una explosión de varias rondas de diarrea, vómitos, dolores de estómago, fiebre, escalofríos o mareos.

Diarrea

La diarrea, heces acuosas incontrolables, es una rama de la alimentación desagradable que se produce cuando hay un desequilibrio de agua en los intestinos. La mayoria de la diarrea es autolimitada y peligroso---esperar posiblemente a la ropa---y por lo general desaparece con el tiempo. Si usted se encuentra soportando este problema, el mejor consejo es no tomar antidiarreicos, de los cuales hay muchos disponibles en farmacias y supermercados, en la aparición inicial. El propio cuerpo, durante un período relativamente corto de tiempo, va a librar al sistema de cualquier bacterias o patógenos que pueden estar al acecho en su interior.

Obviamente, si no desaparece y se presenta un problema de larga o crónica, consultar a un médico tan pronto como sea posible. Pero para la diarrea común asegúrese de beber mucha agua o líquidos para reemplazar lo que se pierde en el baño para asegurarse de que no se deshidrate, que puede ser en conjunto el otro grave problema en sí mismo.

Pero si usted desea tomar un antidiarreico, un número están disponibles over-the-counter Ellos difieren en sus enfoques al problema, que van desde el sulfato de bismuto, que ataca a las bacterias responsables, a un exceso de medicamentos de venta libre, que mecánicamente ralentiza el movimiento de los intestinos. Usted también podría estar interesado en saber que el sulfato de bismuto, tomada de antemano, le ayuda a prevenir la diarrea.

Botulismo

Si bien no es posible entrar en una etiología completa de las bacterias, los virus y microbios en este libro, una infección, aunque distinta y posible rara-necesita ser marcados. Este es el botulismo, una bacteria. botulismo grave puede ser mortal y requiere atención inmediata.

Náuseas, vómitos, diarrea, caída de los párpados, visión borrosa, dificultad para tragar debido a una boca seca, dificultad para respirar debilidad muscular y parálisis caracterizan a la infección por el botulismo.

En el caso descernir cualquiera de estos síntomas, llame de inmediato y automáticamente al 911 o a una unidad de rescate de emergencia médica o hacer un viaje inmediato al servicio de urgencias de un hospital o centro médico.

Envenenamiento por Sustancias Químicas Severas

Lo mismo puede decirse de la intoxicación por sustancias químicas, ya se trate de algo que vino de la comida, o algo que se ha confundido o mezclado con la comida de forma accidental.

Los síntomas, como la intoxicación por botulismo, no son agradables: vómitos y diarrea, dolor de estómago, mareos, confusión, lagrimeo, salivación, sudoración y visión borrosa.

Esto también, requiere una llamada de inmediato y automático a 911, una emergencia médica o un centro de toxicología. Si usted tiene alguna idea de lo que puede ser el producto químico, en el supuesto caso de que sea de la cocina y no de la comida en sí, mira en la etiqueta del producto. Muy a menudo, los fabricantes darán un antídoto para la intoxicación por la ingestión accidental o, es posible que desee llamar al fabricante en una línea directa del consumidor si uno está en la lista. Sin embargo, llame al 9-1-1 y / o llegar a la sala de emergencia o un centro de atención médica de emergencia inmediatamente.

Vomitos

Vómitos, la expulsión incontrolable de alimento o bebida desde el estómago, es otro de esos molestos, y aveces inevitables que se correlacionan con el comer. Hombres las edades ha conocido vómitos--- de las grandes fiestas y bacanales glotones de la antigua Roma hasta el borracho de la oficina que va por la borda en la oficina de la fiesta de Navidad. Vomitos en proyectil, por el contrario, es cuando el vómito, una mezcla de comida, bebida, y el estómago y ácidos gástricos y fluidos, salen disparadas como una manguera contra incendios. Es una experiencia desagradable, tanto para la víctima y cualquier persona de pie en un rango cercano.

En general, los vómitos se produce cuando cuerpo, el estómago, le informa de que ha hecho algo malo. Usted a bebido demasiado, comido demasiado o a comido algo que no debería tener. Un muy buen ejemplo observamos que una vez fue un Gourmet que se muestrea un tazón de sopa de cordero en un restaurante étnico, algo que nunca había tenido antes, después de rondas de tostado vodka. Su cuerpo dijo que tenía que ir. Y así lo hizo, en una corriente a presión contundente varias yardas de largo, perfectamente golpear la parte posterior de un cuello bien unas siestas de una víctima inocente.

Al igual que con la diarrea común, vómitos esta autolimitado. Una vez que el cuerpo ha liberado al transgresor por lo general vuelve a reinar la paz.

E. coli, infección y prevención

Escherichia coli (E. coli) es una bacteria común que se encuentra en el tracto digestivo de los animales y los seres humanos. Puede causar una variedad de enfermedades, desde diarrea con sangre a problemas renales y, a veces puede ser fatal. En general, las personas contraen la infección por E. coli de los alimentos, el agua u otros elementos contaminados con heces infectadas, así como a través de la contaminación cruzada. A menos que se mantengan las medidas sanitarias preventivas, E. coli se puede acumular en paños de cocina, tablas de cortar de madera, o mostradores donde pueden prevalecer pequeñas grietas. Una forma rápida, facil para esterilizar estos elementos para ponerlos en el microondas en húmedo: una esponja húmeda toma un minuto, un trapo de cocina tres y una tabla de cortar diez.

El lavado de manos es imprescindible para prevenir la infección. Las manos siempre deben lavarse antes de preparar los alimentos, durante la manipulación y preparación de alimentos y después de ir al baño o de cambiar pañales de los bebés. Las verduras frescas deben lavarse y todos los alimentos deben cocinarse por largo tiempo y lo suficientemente caliente para matar cualquier bacteria. Filetes y asados se deben cocinar un mínimo de 145* F, carnes molidas al menos a 160* "F, Aves, 180 ° F para el muslo y 170* F para la carne de la pechuga. Un termómetro de carne se debe utilizar para comprobar la temperatura si hay alguna pregunta.

Medidas Preventivas

- Lávese bien las manos antes y después de la manipulación y preparación de alimentos.
- Cocine las carnes, aves de corral y los huevos a temperaturas calentadas adecuadas para erradicar las bacterias.
- Lavar los vegetales crudos antes de cocinar.
- Limpie mostradores, gama, fregaderos y las tablas de cortar con agua caliente y jabón para eliminar las bacterias y contaminación cruzada.
- Lavar todos los utensilios de cocina y platos para servir y vasos antes de usar.
- Desinfectar paños de cocina, trapos, esponjas y tablas de cortar en el horno de microondas.
- Tire a la basura todos los alimentos en mal estado.
- No deje sus alimentos durante mucho tiempo en el calor antes de servir para evitar deterioro y la contaminación.

VIII

Flatulencia, Distensión Abdominal, Eructos y Ardor de Estómago

No hay ocurrencia más incómodo o embarazoso para alojar huéspedes o la acumulación de gases durante una cena o almuerzo festivo del partido.

Seamos sinceros. Shakespeare pudo haber dicho: "Una rosa con cualquier otro nombre huele tan dulce." Pero, un pedo es un pedo. Y una falta de delicadeza persistente en una reunión social elegante, puede ser rancio y arruinar toda la noche. Un gas, dondequiera que pueda entrar en erupción en el cuerpo, es tan natural como comer en sí y siempre es una plaga potencial en el buen servicio de cocina. El ultimo astrónomo y cosmólogo Carl Sagan escribió una vez que los seres extraterrrestres, al cruzar por el espacio en una nave, serían capaz de decir que había vida en la Tierra, sería por la gran cantidad de gas metano en la atmósfera. El gas metano, por supuesto, que se emite por todos los animales, incluidos los humanos, en la tierra en un día determinado. Los pedos de una persona promedio alrededor de una media docena de veces al día.

¿Quién puede decir acerca de las vacas y cerdos y similares? El chef en casa, al igual que con cualquier otro problema médico potencial, debe estar preparado para hacerle frente esta maldición natural.

Eufemísticamente se conoce como flatulencia por el gentil, el gas puede acumularse rápidamente hasta que estalla en proporciones en el estomago, los intestinos o el colon. Esto puede ocurrir hasta el punto de expulsión del gas incontrolable para desinflar la incómoda sensación de, por lo menos, o aliviar la presión insoportable sobre los órganos internos, en el extremo.

Un gas se genera de varias maneras. Al ingerir demasiado aire durante la comida es uno. Simplemente tomar bocados más pequeños de comida comiendo lentamente y no atornillar comida, masticar adecuadamente y el agua potable u otra bebida con sus bocados puede prevenir esto. Así que no tragar los alimentos. Pero si el trago de una bocanada de aire con esa losa celestial de costilla de cerdo, si está lo suficientemente alerta, siempre se puede expulsar a través de su nariz, en lugar de chupar en el estómago. El tipo más grave de acumulación de gas hasta se produce a partir de la fermentación rápida en el estómago.

Los microorganismos pueden causar que los alimentos fermenten rápidamente en el estómago. Por ejemplo, aquellos que son intolerantes a la lactosa pueden experimentar una inflación de gas inmediata y casi debilitante, con hinchazón, baja presión en el colon y dolor de cabeza ojo de cruce, inmediatamente después de beber leche o ingerir productos lácteos.

La intolerancia a la lactosa es la incapacidad de digerir el azúcar principal de la leche. Unos 30 millones de estadounidenses son propensos a la enfermedad. Si la enzima lactasa, la enzima que digiere la lactosa no puede hacer su trabajo, las bacterias en el intestino que generan gas hidrógeno lo metabolizan.

El tipo de alimentos que se consumen, tales como el empleo de cualquier plato salsa blanca,o un plato con huevo, tiene una incidencia clara para ayudar a contener la acumulacion; como el transcurso de la comida continúa.

Siempre un olor desagradable y el grado de flatulencia. ¿Quién, por ejemplo, con toda franqueza no puede en algún momento u otro, recordar el olor nauseabundo, solfuroso de la flatulencia del huevo?

Una vez más, la prevención es la mejor cura. El chef que es sensible a las necesidades gastronómicas de los huéspedes puede cortésmente señalar que el plato especial que se ha preparado contiene lactosa como ingrediente. El chef también podría sustituir la leche de soja en las recetas si intolerancia a la lactosa es un problema. Supermercados y tiendas de alimentos de especialidad son cada vez más frecuente que transporten productos orgánicos y de soja, como las leches de soja en una variedad de sabores y quesos, entre otros.

Ciertas frutas, verduras como la col, en particular los cereales y granos en particular ricos en fibra, pueden producir gas. Frijoles, por supuesto, son notorios para la generación de gas, a menudo tomando el peso de chistes vegetales. Por esta razón, si el jefe de la cocina o el chef siente que él o ella debe servir granos, como en un plato mexicano o un halibut italiano sobre judías blancas, a continuación, tratar de modificar los granos para que tengan un efecto menos volátil cuando se consume. Aunque no es infalible, el uso de frijoles secos (remojados durante la noche) es una apuesta mejor que los granos de una lata. Además, un anti producto comercial especial para gases de frijol, una ayuda digestiva que se encuentra en las farmacias y supermercados, se puede verter en el plato de frijoles. Los huéspedes no se enteraran y, estamos seguros, que agradecidos por sus esfuerzos para que sean menos propensos a los pedos.

Azúcar y edulcorantes artificiales también son productores de gases infalibles. Si le preocupa disfrutar de una cena sin olores embarazosos, trate de no hacer las recetas que requieren el uso de estos ingredientes. sin embargo, esto puede limitar presentaciones de postre. Lo más común de los gases producido en el cuerpo humano durante el tiempo de la comida consiste en gas metano, un producto de origen natural la fermentación, o azufre. El mejor curso de acción en la parte de la cocina o el invitado es para excusarse cortésmente de la mesa y expulsar el gas al aire libre o en una parte aislada de la casa o el cuarto de baño con el ventilador. Esto resulta un alivio temporal. El invitado afligido o el chef debería estar preparado para dispensar una solución de absorción de gases, tales como carbón activado o una preparación de reducción de gases que contiene simeticona. Ambos ingredientes se han demostrado para reducir el gas por absorción química o rompiendo las burbujas grandes e incómodos de gases en el estómago. Un número de antiflatulentos están disponibles en el mostrador.

Algunos remedios herbales también se han sabido para producir con éxito en disminuir el dolor de gases. Estos incluyen la manzanilla, la menta, el anís o el té de hinojo.

Si es posible salir de la habitación e ir a un lugar apartado, acostado en el suelo sobre su espalda puede aliviar dolores de gases severos. Tirar de las piernas hasta el pecho. Esto debería hacer que sea más fácil conseguir el gas fuera de su sistema.

En una sacudida, el siguiente procedimiento se puede usar, pero no se recomienda. El gas metano es inflamable y, como el gas viene de una chimenea industrial, puede ser quemado en lugares cerrados, donde no hay otros medios de evacuación al aire libre o expulsión está disponible sin vergüenza indebida, especialmente en compañía de comedor mixta, el invitado o el cocinero debe dirigirse a el armario de los abrigos más cercano. Allí, con la puerta cerrada, la víctima debe agacharse, expulsar los gases, y la luz de un fósforo o encendedor de cigarrillos y dejar que se queme fuera odorously. Esto no se recomienda, sin embargo, excepto en una pizca extrema, ya que hay un claro peligro de ignición de la ropa en el armario en el fuego. Además, se puede añadir que se emplea un encendedor de cigarrillos mejor en este procedimiento, como el azufre es un componente de partidos, y, en este caso, con el olor sulfuroso que salió del partido, el remedio puede ser mejor que la enfermedad.

Solo en casa? La respuesta es muy simple. Deje que salga!

Eructar y eructos

Gas extrema acumulación únicamente limitada al estómago tiene una causa similar a la flatulencia.

Sin embargo, el desarrollo de gas metano como producto de la ingestión no está necesariamente presente. La acumulación de gas en el estómago, que suele ser muy incómodo, es generalmente el resultado de un exceso de aire en el estómago, o una reacción química con los alimentos ingeridos. Esto requiere la necesidad de un alivio inmediato al eructar el gas a través de la boca o la nariz. La presión del gas a menudo puede hacer el gesto casi incontrolable. El olor del eructo puede variar desde neutral (aire) a la que acaba de ser ingerido. como la cebolla o el ajo.

En una serie de sociedades, como en el oriente, los eructos en la cara de un anfitrion, es un signo distintivo de apreciación de una buena comida y se espera en algunos sectores. Esto es particularmente cierto en un entorno multinacional, donde el chef anfitrión y los invitados a la cena no comparten el mismo idioma común y deben retransmitir las señales de mano y cuerpo.

Por el contrario, eructos en los anfitriones o la cara de los invitados en las sociedades occidentales está mal visto y considerado como una falta de respeto, así como una vergüenza.

Al igual que con la flatulencia, el invitado o anfitrión deben tratar de eliminar de él o ella desde el área inmediata y discretamente emitir el gas; el cliente puede pedir al cocinero anfitrión algunos paliativo para ayudar a contener la acumulación como el transcurso de la comida continúa. Esto es cierto también de distensión y acidez.

Por lo tanto, el kit de emergencia médica del chef en el hogar, debe tener, además un buen antiflatulento efectivo, un antiácido eficaz y rápido para la hinchazón y ardor de estómago (disponible en el mostrador).

Esto es cierto también de distensión y acidez. Por lo tanto, el kit de emergencia médica del chef en el hogar, debe tener, además un buen antiflatulento efectivo, un antiácido eficaz y rápido para la hinchazón y ardor de estómago (disponible en el mostrador).

Acidez

La acidez es, de nuevo, uno de esos vástagos inevitables de comer bien. Al igual que su primo los gases, que viene junto con el espectáculo. Acidez o indigestión ácida, resulta de comer alimentos picantes o ácidos grasos, y de beber alcohol. También puede ser el resultado de simplemente comer o beber demasiado. Hay otras causas de acidez (o reflujo gastroesofágico en la jerga médica).

Pero aquí nos interesa sólo aquellos que tienen que ver con la ingestión y embebe de la buena comida y la bebida en la mesa.

La acidez o indigestión ácida, se caracteriza por una sensación de ardor detrás del esternón, un sabor ácido en Vomitos en la parte posterior de la garganta o la boca, y / o parte superior del estómago o dolor en el pecho. El fétido, invitado a la cena sin ser invitado eructar o eructo es también activa aquí y allá.

El ardor de estómago no debe confundirse con un ataque al corazón. Los dolores agudos en el pecho que llegan a los brazos y los hombros se caracteriza por un ataque al corazón, entre otras cosas. Cualquier signo de este tipo demanda una llamada al 9-1-1 y / o un precipitado viaje a la sala de emergencias.

La acidez se produce cuando el ácido del estómago, necesaria para digerir los alimentos, se acumula en la parte baja de la garganta (o el esófago) son fácilmente disponibles en los supermercados, tiendas de comestibles y farmacias. Estos ofrecen la ruta más rápida para el alivio. La mayoría de estos antiácidos que están disponibles sin receta médica son a base de calcio, sin embargo hay otros que frenan químicamente la secreción de ácido del estómago. El cocinero en casa, debe tener un buen antiácido en su botiquín para si mismo y para los invitados.

Hay algunos remedios naturales que pueden ser utilizados para el alivio inmediato. El mas tradicional es el bicarbonato de sodio. La receta es una cucharadita de bicarbonato de sodio en una taza de agua. El cocinero en casa también puede desear intentar el jengibre, té de jengibre, cápsulas de raíz de jengibre o hierba gatera o té de hinojo.

Aunque sería desfavorable y poco halagüeño para la propia cocina para el chef para ofrecer a sus invitados un antiácido antes de cenar, el chef, él mismo, tal vez desee considerar la adopción de un antiácido antes de comer si él o ella es propenso a la acidez, como medida preventiva.

Mal aliento

El mal aliento es la consecuencia lógica de la fermentación por bacterias del estómago. Hay también los aromas naturales de la comida recién ingerida que hacen su camino hacia el aire de la superficie. Es una lástima que los puntos culminantes de una buena comida, como el ajo de un ajo-Mediterránco, ricas pastas o mariscos, estos platos pueden ser ofensivo fuera de contexto para otra persona. Comedor, también, tanto como un evento social como es también, un asunto privado. Uno puede hablar de un plato, pero uno no necesariamente quiere ser bañado en el aroma de ella o de otra persona, incluso uno que pueda haber comido lo mismo. Como todos los otros subproductos de la fermentación, los olores pueden variar en grado y olor, dependiendo de los alimentos ingeridos.

La buena acogida del Chef debería tener en la mano, al final de las horas de comida, una pastilla de menta de algún tipo para ayudar a los invitados en esta posible condición embarazosa.

En algunos casos, el chef, puede estar preparando una comida especial picante, un seguro para inducir el olor del aliento puede que desee considerar la adición de un neutralizador de aliento a la cocina. Por ejemplo, el perejil, secas o frescas disponibles en la mayoría de los supermercados es un desactivador conocida de olor a ajo. alimentos olorosos incluyen pimientos picantes, salami, anchoas, atún, cebolla, puerros, pepperoni, el alcohol Liederkranz, Camembert y los quesos azules, y mantequilla de maní, entre otros.

Medidas preventivas

- Tomar pequeños bocados de comida. No atornillar o tragar los alimentos.
- Ser sensible a la intolerancia a la lactosa entre los invitados.
- Sea sensible a la utilización de los granos, azúcar y edulcorantes artificiales en las recetas.
- Evitar los alimentos muy ácidos.
- Tener a la mano pastillas de menta después de la cena.

IX

Descarga Electrica

La cocina contemporánea contiene numerosos dispositivos que funcionan con electricidad. Estos aparatos ahorran mucho tiempo y trabajo que son una bendición para el cocinero casero y un elemento básico de la cocina de hoy. En pocas palabras, tomamos estos aparatos por sentado.

Sin embargo, se conectan a la electricidad y en la cocina, en particular, tienen el potencial para la combinación letal de electricidad y agua. Por lo tanto, es una palabra en orden sobre qué hacer en caso de una emergencia médica eléctrica. Si alguna vez sucede, no sería la primera vez: un chef dejo caer accidentalmente un abrelatas eléctrico en un recipiente lleno de lavavajillas y al tratar de recuperarlo sin haber apagado la electricidad (porque algo había que agitar en una cacerola en la estufa).

En caso que un chef se electrocute, el primer curso de acción es apagar el aparato. Al tirar de la clavija de la toma de pared o desconectar la corriente eléctrica en la casa, la corriente principal, se puede hacer esto. En general, los interruptores de pared no deben necesariamente ser invocados, ya que a menudo sirven solamente una toma de corriente especial o dos y puede que no sea la correcta. También, a veces no funcionan.

Un chef electrocutado no se debe tirar lejos del aparato por parte de otra persona. Le podemos pasar electricidad a la otra persona, y habrá dos problemas en vez de uno. Si un intento debe ser hecho, el socorrista debe asegurarse de que él o ella está de pie sobre un objeto aislado eléctricamente preferiblemente hecha de caucho, tales como un felpudo. Un directorio telefónico u otro libro grande podrían ser usados en un apuro.

Siempre recuerde que si hay un incendio eléctrico involucrados, nunca utilice agua o un líquido para intentar apagarlo. Trate de otra forma o sofocar con un extintor de espuma, manta, abrigo o chaqueta.

Además, tenga cuidado de quemaduras por electricidad. Ellos pueden ser engañosas. Ellos tienden a ir profundamente en la piel. Lo que puede parecer ser como una quemadura de primer o segundo grado puede ser en realidad una quemadura de tercer o cuarto grado. El chef debería actuar en consecuencia: marcar el 9-1-1 o hacer un viaje al servicio de urgencias.

Medidas preventivas

- No separen al electrocutado chef de la fuente o la electricidad a menos que esté en una superficie aislada.
- Nunca utilice agua para apagar un incendio, eléctrico. Sofocar o utilizar un extintor de espuma.

X

Oidos

La cocina puede ser un lugar ruidoso. Los altos decibeles de aparatos, tales como batidoras eléctricas, en voz alta el chat o un televisor de la habitación de al lado, la música fuerte que el chef no ha elegido personalmente todos pueden ser mental y físicamente irritante para los oídos. Solo fuertes, ruidos tan importantes, en voz alta, ruidos irritantes pueden ser una distracción para el cocinero casero, impidiendo que él o ella, de la exactitud y la concentración necesaria para la preparación fina de la alta cocina. Piense en las cortadoras de césped de raqueta y sopladora de hojas que hacen ruido fuera de la ventana de la cocina en una cálida tarde de verano. ¿Cómo hace un chef para concentrarse?

Al igual que otros síntomas médicos, zumbido en los oídos, pérdida de audición o dolor en los oídos puede ser atribuible a cualquier número de estados de enfermedades subyacentes. Estamos aquí solamente abordando los problemas del oído que están conectados directamente a la cocina. problemas del oído que surgen por casualidad en la cocina durante la preparación de alimentos exigen una llamada al 9-1-1 o una rápida visita a la sala de emergencias o un centro médico, ya que podría ser un síntoma de algo grave, sin relación con el Chefferie.

Un simple paliativo a ruidos fuertes o estridentes es un tapon para oídos. Tapar con bolas de algodón antiséptico es tiempo honrado. Sin embargo, pocos tapones de espuma desechables de bajo costo están disponibles en el mostrador y son razonablemente eficaces, en función del nivel de ruido. No estaría de más para el cocinero casero que tener un par de juegos en su kit médico de emergencia en la cocina.

Medidas preventivas

- Tener bolas de algodón estériles o tapones para los oídos en la mano.

XI

Resucitación cardiopulmonar (RCP)

La reanimación cardiopulmonar es para cualquier emergencia médica grave, la persona ha dejado de respirar, no tiene pulso o ritmo cardíaco que se puedan determinar, la persona está inconsciente y la piel se ha vuelto azul o palidecido. Por ejemplo, una víctima de ahogamiento.

En el caso de estos síntomas, llame al 9-1-1 inmediatamente y obtener ayuda de una ambulancia de emergencia o unidad de paramédicos con un desfibrilador eléctrico y el suministro de oxígeno. Además, determinar si cualquiera, ya sea en el hogar o en sus cercanías. vecino, la policía, los bomberos o cualquier persona que ha tenido en otras partes formales de entrenamiento en RCP.

La RCP puede ayudar a salvar vidas en muchas situaciones de emergencia en cualquier lugar. Animamos al cocinero casero, aunque solo sea como un acto de buena ciudadanía, para obtener entrenamiento formal RCP.

Defecto de lo anterior y todo lo demás, la acción rápida es necesaria. Si el corazón y los pulmones se detienen, el cerebro se verá privado de oxigeno y puede ocurrir una fatalidad. El cerebro no puede ser privado de oxigeno durante más de un minuto o dos. Es necesario tomar precauciones, ya que muchas de estas situaciones requieren un cuidado especial. Tomemos, por ejemplo, la precaución empleada cuando se aplica presión en las costillas rotas en el pecho.

Esto es lo que se debe hacer:

Mirar dentro de la boca de la víctima para asegurarse de que no hay nada pegado o bloqueando la garganta o las vías respiratorias.

Poner a la persona en el suelo donde él o ella esta. La persona no debe moverse, a menos que sea necesario, si se sospecha lesiones de la columna vertebral, el cuello o la cabeza debido a un posible daño neurológico.

Colocarse de rodillas a un lado a la mitad entre la persona, su cabeza y el pecho. Compruebe si hay respiración, poniendo el oído junto a la boca. Incline la cabeza de la persona hacia atrás para abrir el paso de aire.

Si no hay respiración, con los dedos, cierre la nariz de la persona pellizcándole por encima de las fosas nasales. Mantener cerrado su nariz; sellar su boca sobre la boca de la persona. Respirar en la boca de la persona durante uno o dos segundos, observando cuidadosamente el pecho de la persona, para ver si sube y baja. No respirar demasiado duro; si el aire es forzado en el estómago en lugar de los pulmones, la asfixia y los vómitos pueden ocurrir. Si esto no funciona, intente de nuevo, con la cabeza de la persona inclina más hacia atrás A continuación, compruebe el pulso. La mejor forma de hacer esto es tomando dos dedos de cada mano y sensación a cada lado del cuello, justo debajo de la mandíbula, entre la parte delantera de la garganta y el músculo largo en el lado del cuello. Si hay un pulso, eso significa que el corazón está latiendo, continúe la respiración en la boca de la persona cada cinco segundos.

Si no hay pulso o latidos del Corazón, se requiere compresión en el pecho. (las precauciones son necesarias ya que por ejemplo se debe tener cuidado al aplicar presion en las costillas rotas en el pecho).

Esto es lo que se debe hacer:

Una vez más, de rodillas al lado de la persona, coloque sus manos sobre el esternón de la víctima. Mantenga los brazos rectos, los hombros por encima de sus manos, Tomar el dedo índice y el dedo medio de una mano y lo coloca en el declive, donde las costillas se unen al esternón. Ponga el talón de la mano por encima de este punto, en el medio del esternón en el lado más cercano a la cabeza de la persona. Tome la otra mano, y ponlo en la parte superior de la mano en el esternón y entrelazar los dedos de ambas manos. Incline las manos en alto. El objetivo es tener sólo el talón de la mano abajo en el pecho de la persona, con los brazos cerrados recta y los hombros sobre las manos, empuje hacia abajo. El esternón debe bajar de una a dos pulgadas. (Ver esquema en la página 75).

Liberar la presión, pero mantener las manos en su lugar. Hacer la compresión 15 veces, con empujes cortos y una muy breve pausa entre cada golpe.

Luego alternar entre la respiración en la boca y la compresión del pecho. La secuencia es dos respiraciones empuja 15 en el pecho, dos respiraciones, 15 compresiones del pecho. Repetir la secuencia de cuatro tiempos, a continuación, comprobar el pulso. Si hay un pulso, las compresiones torácicas se pueden detener, pero mantener la ayuda de respiración boca a boca hasta que esté seguro de que la persona pueda respirar por sí solo.

Estas actividades deben llevarse a cabo hasta el profesional de asistencia médica o de emergencia hasta que llegue a la escena.

Solo en casa

Si está solo en casa y necesita RCP, hay una técnica que se puede intentar para darle suficiente tiempo para llamar al 9-1-1. Esto no es un sustituto del RCP por personal capacitado de emergencia, pero un último esfuerzo para conseguir ayuda.

Si cree que necesita RCP puede tratar de dos técnicas. RCP auto administrada es similar a autoadministrado de Heimlich; el puño cerrado en la parte superior del abdomen o en el abdomen y empujando hacia arriba, como las rocas del cuerpo hacia atrás y hacia adelante sobre la silla, otro método es a toser tan fuerte y tan duro como sea posible. Siga haciendo esto hasta que pueda llamar por teléfono al 9-1-1. El paroxismo de tos autoinducida simula las compresiones en el pecho que deben ser administrados por personal de rescate entrenados.

RCP DIAGRAMA

XII

Concusion

(Conmoción Cerebral)

Las lesiones en la cabeza parece poco probable en la cocina o en el comedor, pero que en realidad pueden suceder.

Las lesiones en la cabeza pueden ocurrir común mente cuando una olla o plato pesado se cae de un armario en la cabeza o se resbala de las manos del cocinero y cae sobre la cabeza de otro cocinero, cuando el cocinero se resbala sobre una parcela del suelo húmedo o en un lugar donde la salsa o sopa se ha derramado. O incluso cuando el chef se desliza accidentalmente sobre hojas de lechuga mojados de una ensalada, o parte del mismo, que ha caído en el suelo metálico que escuche una cabeza en una puerta de armario de la cocina abierta no es ciertamente insólito tampoco.

El comedor también, puede ser una zona de peligro. Un invitado risueño o expansivo, calentado por las delicias de la comida en la mesa y la amigabilidad del entorno, inclina su silla hacia atrás y se reclina, y clunks su cabeza sobre un aparador, una vitrina o en el suelo. Y un invitado en estado de embriaguez, mientras se va caminando con paso inseguro de la mesa de comedor, se ha sabido más de una vez de perder el equilibrio y caerse y clunk su cabeza en una pieza de mobiliario, por ejemplo, una mesa de café de vidrio o mármol.

Cortes en la cabeza, heridas y contusiones deben ser tratados como cualquier otro, como se describe en otra parte de este libro.

Sin embargo, lo más importante a tener en cuenta cuando hay una lesión en la cabeza es la posibilidad de una conmoción cerebral. Síntomas de conmoción cerebral, directamente vinculadas al ser golpeado en la cabeza, son mareos, pérdida de la conciencia temporal, dolor de cabeza y náuseas o vómitos. Si esto parece ser el caso, el chef debe tener el operador 9-1-1 en el teléfono o estar en camino a la sala de emergencia o centro médico de emergencia. Otra razón para una acción rápida es que algunos de estos síntomas-mareos, visión borrosa, el habla y la discapacidad auditiva, confusión- podría tener un derrame cerebral causado por el daño de las arterias en el cerebro.

A la espera de una ambulancia, los paramédicos o un médico para llegar, el chef (o un invitado, si es el chef que está en problemas) deben hablar con la víctima y tratar con él o ella de participar en la conversación para aliviar o eliminar lo que podría ser un estado de confusión mental. Es importante no mover la cabeza, el cuello o la columna vertebral. Puede haber daños neurológicos y el movimiento adicional podría provocar una parálisis. Ponga una almohada o una manta enrollada o una chaqueta enrollada debajo de la cabeza y mantenerla recta acunando en sus manos. Aflojar la ropa de la persona y él o ella debe mantenerse caliente con una manta. No se debe dar comida o bebida a la víctima.

Medidas preventivas

- Tener especial cuidado en la eliminación de objetos pesados en los gabinetes de arriba.
- Limpiar los derrames de agua, líquidos y vegetales resbaladizos en el suelo de forma inmediata.
- Al igual que con las precauciones de lesiones en la espalda, use zapatos con suela antideslizante o zapatillas de deporte.
- Use cera antideslizante en el suelo de la cocina.

XIII

Trastornos Psiquiátricos

Seamos realistas, parte del encanto del chef en casa es escapar de la rutina diaria. El chef en casa pretende el mismo consuelo que, por ejemplo, el jardinero de fin de semana por él o ella distraer su atención de la rutina habitual del trabajo. Los aromas, sabores y la actividad física de la cocina ofrecen un rico contraste de la experiencia de la persona que se sienta detrás de un escritorio o una computadora todo el día. Debido a la disponibilidad de una gama de equipos de cocina y la fácil accesibilidad de víveres ancho exóticas, especias y vinos, la cocina moderna ha sido un palacio de recreo de los sentidos y, en casos extremos, hedonistas-todas las distracciones que conducen a la negligencia y el desastre.

En días anteriores, el arte de embeber durante la cocción se refiere cortésmente como el "muestreo del jerez". Lo más probable es la participación de mamá o tía Millie, cuyas peculiaridades de vez en cuando se puede atribuir a los mismos, sin embargo hoy en día debido a la abundancia de los aguardientes utilizados en la cocina y comidas gourmet que se acompañan, beber y cocinar son a la altura de beber y conducir.

Los peligros naturales que se esconden detrás de beber en exceso de alcohol en medio del fuego, las llamas y los objetos afilados hablan por sí solas.

En primer lugar, si el chef o alguien está tomando drogas, legales o ilegales, y empapado hasta la cosecha local en su cocina, existe la señal de peligro por delante. Hemos observado, por ejemplo, una parada devoto, alimentos en mitad de la frase de la palabrería, mirando hacia el frente y los párpados completamente abiertos y la falta de aliento. Mientras que la normalidad regresó poco después, la confesión se hizo de que algunos medicamentos recetados había estado involucrado. En este día y edad, los cocineros, por su propio bien y el bien de sus clientes, tienen que recordar constantemente a sí mismos que el alcohol y algunos alimentos, tales como condimentos y hierbas, así como una droga, no se mezclan bien juntos.

De hecho, si el chef en casa consultara a un vademacum de hierbas naturales y homeopáticos, él o ella podría encontrar que muchas de estas hierbas contienen sustancias que alteran la mente. Y no estamos hablando de la olla. Estamos hablando de salvia, albahaca, orégano, manzanilla o una docena de otras hierbas que se utilizan actualmente y, naturalmente, en la cocina, ya sea en restaurantes o cocinas de las casas. No estamos sugiriendo que el cocinero casero deje de usar condimentos, sólo que él o ella sea consciente del hecho de que estos no son sustancias inertes, pero, de hecho, tienen propiedades psicoactivas que a veces pueden tener interacciones con otros medicamentos prescritos. Por favor, consulte a su farmacéutico o médico para cualquier reacción múltiples o de venta libre. de hierbas o condimentos artificiales o naturales, con prescripción o medicamentos de venta libre.

Combinado con otro fenómeno común de chefferie en casa es un síntoma que puede ocurrir con la misma facilidad que los cocineros caseros así como pilotos de avión o aficionados gimnastas: pérdida del sentido de dirección. La construcción de una comida, de la alta cocina con sus muchos ingredientes, pasos y el tiempo-requieren toda una serie de maniobras físicas que pudieran agravar la coordinación de un boxeador o bailarina bien entrenado. Las verduras en la sartén necesitan ser agitadas; la carne Japonesa de Kobe tiene que ser cortado en lonjas finas en un carpaccio; la ensalada César tiene que ser mezclada; galletas que se cuecen al horno y que necesitan ser comprobados, etc, con o sin la complicación de alcohol, el cocinero casero puede fácilmente perder su sentido de dirección al pasar por las maniobras de gimnasia que, en una cocina del restaurante comercial totalmente equipada, requerirían el talento y la ayuda de varios sous chefs.

Los síntomas son generalmente desorientación e incapacidad para saber el Norte del Sur de Este a Oeste en la cocina. Si el chef no puede caminar en línea recta, él sabe que está en problemas.

Es por ello que recomendamos que cada cocina de su casa, tenga un equipo de emergencia médica, se dotará de difenhidramina, normalmente empleado para el mareo. Una brújula y un mapa de la cocina también podría ser útil. Sin embargo, la relajación y ejercicios de respiración profunda son los campos más sensibles de acción para el cocinero casero desorientado. Deseo tomar un descanso!

Otros dos fenómenos pueden ocurrir en la cocina de su casa que, si se enfrenta sin preparación, puede causar accidentes y daños para el cocinero casero o para otros. El primero es el fenómeno de los pantalones del chef que caían durante las acrobacias de preparación de la comida. Los pantalones se caen fácilmente, ya que es a veces la tendencia, en el esclavo de relajarse y preparar una comida gran gourmet, para aflojar la correa de los pantalones.

Es, sin duda un desastre en el camino se caen los pantalones hasta los tobillos, mientras que el chef camina, con olla caliente o plato en la mano, entre el horno de la cocina, fregadero y mesa, o cualquier combinación de los mismos. Si bien cualquier tipo de accidente puede suceder, la única prevención para que esto ocurra es para los cocineros, que tomen nota y se resistan a la tentación de aflojarse la ropa, cinturones, pantalones mientras estan en la cocina de su casa.

El segundo fenómeno son los atracones de comida mientras se cocina. Este es un fenómeno corolario de consumo excesivo de alcohol mientras se cocina la buena cocina. Sin embargo, no hay ningún daño en la degustación de recetas o de muestreo.

Delirios de grandeza

En la ensoñación de aromas maravillosos, el acto de crear una obra maestra de la creación y el exceso de vino o licores, delirios mentales pueden descender sobre el chef. Mientras que la enfermedad mental crónica de todo tipo y especie puede existir fuera del hogar y ser llevado a la cocina, que, aquí, simplemente queremos tener en cuenta que estas condiciones pueden ocurrir en la cocina, en medio de la euforia de la preparación de la comida para vencer todas las comidas.

Como el chef por ejemplo, sigue sobre su negocio de cortar trufas o presionando ajos y bebiendo un excelente Merlot, es muy fácil caer en delirios de grandeza.

Una ilusión común que cae sobre el chef en casa es que debe dejar su 9- 5 rutinas diarias y abrir un pequeño restaurante en el Berkshires donde realmente se aprecia su arte culinario. otros delirios pueden variar desde el cocinero casero en experimentar la extraña sensación de que él es Jesucristo, o la extraña sensación de que no es Jesucristo o la cocina cambia la perspectiva o aparatos comienzan a tomar formas extrañas e inusuales, a menos que el chef tenga una enfermedad crónica mental (como la ilusión en curso, clásico que él es el emperador Napoleón), la única solución a los delirios de grandeza o de otra manera es un descanso de la cocina e ir a hacer otra cosa. Vaya a acostarse por un tiempo, una siesta puede ponerlo en orden y, por supuesto, fuera el vino.

Hay otros trastornos del comportamiento que pueden ocurrir y a menudo lo hacen, ya que el chef trabaja a través de las hora de preparación de la comida. Uno, en particular, resulta de beber mientras se cocina. Por ejemplo, el momento exacto en que la salsa blanca a empezado a espesarse en la olla y las verduras en el sofrito están a punto de pegarse en la sartén (comida chino-francesa), el chef tiene una necesidad extrema de orinar. Un corolario de esta situación es siempre que los baños de la planta baja están / está ocupada por miembros de la familia o invitados. Y el cuarto de baño de arriba se ha visto obstruido por una semana, por lo que hay duda,

¿Qué hacer? ¿Qué hacer? ¿Nos dirigimos hacia abajo o apagamos el fuego y vamos en busca de un lugar para obtener un alivio inmediato y asi arruinar la comida o bajamos los pantalones?

Para el cocinero suburbano o de campo, este dilema presenta un pequeño desafío. La cocina por lo general conduce a un patio con cesped al aire libre. El alivio esta aun paso de distancia. Pero que pasa con el chef en una cocina en una casa a mediados de la ciudad o condominio en el piso 44 de un edificio de apartamentos? nuestro consejo: cocinero, no sea orgulloso! Coge cualquier pote recipiente contenedor tazón de mezcla vacío, un gran vaso de medir, cereales o granos, jarra o taza, y dale caña. Mejor actuar como un animal que arruinar lo que de otra manera sería una buena receta perfectamente buena. Después de todo, el contenido del contenedor se pueden eliminar por el desagüe del fregadero (utilizando todas las precauciones sanitarias) y el recipiente lavado.

Medidas preventivas

- No beba alcohol en exceso mientras se prepara una comida.
- Mira las interacciones entre medicamentos y hierbas de alcohol y de la prescripción y los condimentos.
- Relajarse y participa en ejercicios de respiración profunda o tomar una siesta si desorientacion comienza a ocurrir.
- Ver los atracones, mientras la preparación de comidas.
- No afloje los pantalones de la correa mientras prepara una comida grande.

XIV

Cómo Crear un Kit de Emergencias Médicas Para la Cocina en el Hogar

Ninguna cocina debe estar sin estos elementos. En su mayoría todos se pueden obtener fácilmente a través de venta libre en las droguerías, farmacias, o los supermercados en la sección de medicamentos. Ellos deben mantenerse juntos en una bolsa o en un kit. Si un botiquín o caja de primeros auxilios no está disponible, un pequeño conjunto de instrumentos, aparejos de pesca caja, bolsa pequeña de vinilo o poliestireno o mochila se pueden utilizar y. Una etiqueta con las palabras "botiquín" se debe colocar de forma visible en el exterior del kit. El kit en sí debe ser almacenado en la cocina fuera del camino. En un cajón mostrador o armario, pero de fácil acceso.

1. Pinzas quirúrgicas de cuello largo
2. Linterna de alta intensidad
3. Rollo de gasa estéril, o grandes, gasas estériles
4. Tubo de pomada antibiótica

5. Tubo de cortisona
6. Los vendajes adhesivos, varios tamaños
7. Hidratante
8. Unas tijeras afiladas o un bisturí
9. Anti- flatulentos
10. Antiácidos
11. Calmantes para el dolor: ibuprofeno o el naproxeno,aspirina o acetaminofén
12. Rollo de adhesivo quirúrgico
13. Bolas de algodón
14. Gasas estériles
15. Termómetro
16. Vendajes elásticos en varios tamaños con campos de metal
17. Antihistamínicos, epinefrina
18. Hidrocortisona o difenhidramina en crema
19. Pinzas
20. Torniquetes de goma
21. Tapones para los oídos
22. Manual de primeros auxilios
23. Números de teléfono de emergencia
24. Dosis única aguja hipodérmica inyectable

XV

Listas y Diagramas en la Pared de la Cocina

En este capítulo encontrará tablas y listas que pueden ser publicadas o mantenerlas en un lugar de fácil acceso dentro de la cocina. (Diagrama de Heimlich de le pagina 33 y el diagrama de la RCP en la página 78.)

Ellos son:

1. Emergencias médicas lista de contactos
2. Mapa de los centros médicos mas cercanos
3. Qué hacer y qué no hacer lista de verificación
4. Ayudantes de cocina común

Emergencia Medica Lista de Contactos

(Retire la página del libro cortando a lo largo de la perforación marcada y póngalo en la cocina en algún lugar cerca del teléfono.)

Emergencias generales: 9-1-1

Hospital de emergencia mas cercano: _____

Clínica de emergencia médica mas cercana: _____

Médico de familia: _____

Servicio de urgencias médicas: _____

Departamento de Policía: _____

Departamento de bomberos: _____

Centró de toxicología: _____

Otros: _____

Jack Sholl

Mapa de las instalaciones de emergencia mas cercanos

(Separar, rellenar y colocar en la cocina)

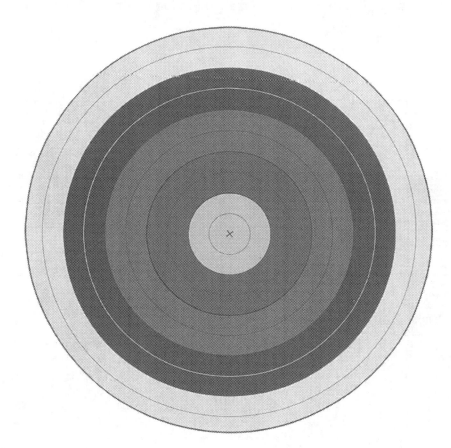

Que Hacer y Que No Hacer

1. Utilizar siempre un gran delantal de cocina de tamaño completo o toque mientras se prepara una comida. Señores, eliminar sus corbatas. Las señoras, eliminar sus bufandas y joyería.

2. Use siempre guantes de cocina, almohadillas calientes preferiblemente con guantes, al manipular objetos calientes.

3. Nunca introduzca nada que está sosteniendo en su mano con un utensilio afilado y puntiagudo.

4. Siempre cortar lejos de usted y tome su tiempo.

5. Apilar cuchillos y tenedores hacia abajo en el lava vajillas escurridor de utensilios o escurridor del fregadero.

6. Tire a la basura todo lo que entra en contacto con el vidrio quebrado.

7. Rebanar lejos de ti, nunca hacia usted.

8. Nunca tener el filo de un cuchillo o una cuchilla apuntando hacia ti. siempre lejos.

9. Asegúrese siempre de que los dedos son lo suficientemente lejos de la parte o sección que está siendo cortado.

10. Siempre use cuchillos y utensilios de tamaño adecuado, y utilizarlos de la forma correcta.

11. Maneje huesos de pescado y vegetales espinosos con respeto y cuidado.

12. Nunca tome los artículos congelados fuera del congelador con las manos mojadas.

13. Utilice un abridor de goma para abrir tapas herméticas en botella y tarros.

14. Al levantar una olla pesada, bandeja o plato de lubina entera, mantenga los brazos firmes, doble las rodillas, y levante el

ensamblaje con las rodillas. No trate de tirar de la pesada olla de la estufa con los brazos a sí mismos o de su torso.

15. Use zapatos cómodos con fondo anti deslizantes y buenas plantillas, o zapatillas de deporte.

16. No comer o ser observador de la forma en que está comiendo, si estás borracho, ebrio o ha bebido una gran cantidad de alcohol.

17. No hablar o reír con la boca llena por completo de los alimentos.

18. Asegúrese de cortar los alimentos, en particular los artículos duros o firmes, en trozos chicos o más bien pequeños.

19. Asegúrese de masticar adecuadamente la comida en la boca. Si necesita que sea más suave, masticar con un pequeño sorbo de agua, vino u otra bebida.

20. No comer rápidamente, y desde luego no atornillar o engullir grandes pedazos de comida. Es malo para la digestión, arruina la experiencia de comer bien, y se puede ahogar. Tome pequeños bocados de comida.

21. Práctica de los movimientos de la maniobra de Heimlich con un miembro de la familia o un amigo para conseguir la sensación de ella.

22. Use guantes para lavar los platos o limpiador en el mostrador con soluciones de limpieza química.

23. Utilice una buena crema hidratante en sus manos la noche anterior o la mañana del día que está cocinando.

24. Lávese bien las manos antes y después de la manipulación y preparación de alimentos.

25. Cocine las carnes, aves de corral y huevos durante el tiempo suficiente y calentando a temperaturas adecuadas para erradicar las bacterias.

26. Lavar los vegetales crudos antes de cocinar.

27. Limpie los mostradores, gama, sumideros y tablas de cortar con agua caliente y jabón para eliminar las bacterias y contaminación cruzada.

28. Lave todos los utensilios de cocina y platos para servir y vasos antes de usar.

29. Desinfectar paños de cocina, trapos, esponjas y tablas de cortar en el horno de microondas.

30. Tire toda la comida en mal estado.

31. No deje sus alimentos durante mucho tiempo al deterioro evitar el calor y la contaminación.

32. No tire de distancia a un chef electrocutado de la fuente de energía eléctrica a menos que esté en una superficie aislada.

33. Nunca utilice agua para apagar un incendio eléctrico.Sofocarlo o usar un extintor de espuma.

34. Sea sensible a la intolerancia a la lactosa entre los invitados.

35. Sea sensible a la utilización de los granos, azúcar y edulcorantes artificiales en las recetas.

36. Evitar los alimentos muy ácidos.

37. Tener pastillas de menta en la mano después de la cena.

38. Tenga especial cuidado al extraer objetos pesados de los gabinetes de arriba.

39. limpiar los derrames de agua, líquidos y hortalizas resbaladizas en el suelo de forma inmediata.

40. Al igual que con las precauciones de lesiones en la espalda, use zapatos con suela antideslizante o zapatillas de deporte.

41. Uso de cera antideslizante en el suelo de la cocina.

42. No beba demasiado alcohol mientras se prepara una comida.

43. Mira las interacciones entre medicamentos y hierbas de alcohol y de la prescripción, y entre los medicamentos con receta hierbas y condimentos.

44. Relajarse y participar en ejercicios de respiración profunda, o tomar una siesta si comienza a sentirse desorientado.

45. Ver los atracones mientras se prepara las comidas.

46. No afloje los pantalones de la correa mientras se prepara una comida grande.

47. Tener bolas de algodón estériles o tapones para los oídos en la mano.

Ayudantes De La Cocina Común

Lo siguiente es una pequeña lista de los artículos que se encuentran en la cocina que puede ser útil en una emergencia médica o problemas médicos o malestar.

1. Bolsa de guisantes congelados
2. Bolsas de otros vegetales congelados sueltos
3. Hielo
4. Pre-cargas de bolsas de hielo líquido
5. El bicarbonato de soda, la levadura en polvo.
6. Perejil
7. Manzanilla, menta, anís, hinojo hierba gatera o té
8. Jengibre, té de jengibre o solo jengibre

XVI

Recursos

<u>Gobierno:</u>

Centros para el Control y Prevención de Enfermedades
1600 Clifton Rd
Atlanta, GA 30333
Tel. (800) 311-3245 www.cdc.gov

Comisión de Seguridad de Productos de Consumo de los Estados
Unidos
4330 East West Highway
Bethesda, MD 20814
Tel: (800) 638-2772 www. cpsc.gov

Departamento de Salud y servicios Humanos
200 Independence Avenue, SW
Washington, DC 20201
Tel: (877) 696-6775 www.hhs.gov

Administración, Recursos y Servicios de Salud
5600 Fishers Lane
Rockville, MD 20857
Tel: (888) 275-4772 www.hrsa.gov

Biblioteca Nacional de Medicina
8600 Rockville Pike
Bethesda, MD 20894
Tel: (888) 346 a 3.656 www.nlm.nih. gov

Asociaciones Medicas y Otros:
Colegio Americano de Médicos de Emergencia
1125 Executive Circle
Irving, TX 75038
Tel: (800) 798-1822 www.acep.org

Consejo Americano de Ciencia y Salud
1995 Broadway, Ste. 202
New York, NY 10023
Tel: (866) 905-2694 www.acsh.org

Asociacion Americana de Salud
7272 Greenville Ave.
Dallas, TX 75231
Tel: (800) 242-8721

Asociación Americana de Hospitales
155 N. Wacker Dr.
Chicago, Illinois 60606
Tel: (800) 424-4301 www.aha.org

American Medical Association (Asociación Medica Americana)
515 N. State St.
Chicago, IL 60654
Tel: (800) 621-8335 www.ama -assn.org

Asociación Americana de Optometría
243 N. Lindbergh Blvd.
St. Louis, MO 63141
Tel: (800) 365-2219 www.aoa.org

Asociación Americana de Salud Pública
800 I St., NW
Washington, DC 20001
Tel: (202) 777 a 2742 www.apha.org

Cruz Roja Americana
2025 E St. Washington, DC 20006
Tel: (800) 733-2767 www.redcross.org

Academia Americana de Dermatología
930 E. Woodfield Rd.
Schaumburg, IL 60173
Tel: (866) 503-7546 www.aad.org

Sociedad Americana de Cirugía Dermatológica
5550 Meadowbrook Dr, Ste. 120
Rolling Meadows, IL 60008
Tel: (708) 330-9830 www.asds.net

Colegio Americano de Gastroenterología
6400 Goldsboro Rd, Ste. 200
Bethesda, MD 20817
Tel: (301) 263-9000 www.gi.org

Sociedad Americana de Endoscopia Gastrointestinal
1520 Kensington Rd, Ste. 202
Oak Brook, IL 60523
Tel: (866) 353-2743 www.asge.org

Sociedad Americana de Cabeza y Cuello
11300 W Olympic Blvd., Ste. 600
Los ángeles, CA 90064
Tel: (412) 647-2227 www.ahns.info

Sociedad Americana de Cirugía de la Mano
822 West Washington Blvd.
Chicago, IL, 60607
Tel: (312) 880-1900 www.assh.org

Sociedad Americana de Medicina Contemporánea,
Medicina Cirugía y Oftalmología
820 Norte Orleans St., Ste 208
Chicago, IL 60610
Tel: (847) 677 a 9093 ascmso accountsupport.com

Sociedad Americana de Cirujanos Plásticos
444 Este Algonquin Rd.
Arlington Heights, IL 60005
Tel: (847) 228 a 9900 www.plasticsurgery.org

Asociacion Americana de Lesiones Espinales
2020 Peachtree Rd, NW
Atlanta, GA 30309
Tel.: (404) 355 a 9772 www.asia-espinal injury.org

Asociación Americana de Médicos y Cirujanos
1601 Tucson Blvd., Ste. 9
Tucson, AZ85716
Tel: (800) 635-1196 www.aapsonline.org

Oficina de Atención Primaria de la Salud
5600 Fishers Lane
Rockville, MD 20857
Tel: (888) 275.4772 bphchrsa.gov

Asociación Nacional para el Cuidado del Hogar y Hospicio
228 Seventh Street, SE
Washington DC 20003
Tel: (202) 547-7424 www.nahc.org

Asociación Nacional de Hospitales
Públicos y Sistemas de Salud
1301 Pennsylvania Ave NW Ste. 950
Washington, DC 20004
Tel: (202) 585 -0100 naph@naph.orgConsejo Nacional de Salud

Concejo Nacional de Salud
1730 M street, NW, Ste. 500
Washington, DC 20036
Tel.: (202) 785-3910 www.nationalhealthcouncil.org

Asociación Médica Nacional
8403 Colesville Rd, Ste. 920
Silver Spring, MD 20910
Tel: (800) 662-0554 www.nmanet.org

Sociedad de Cirugía del Tracto Alimentario
509 Cummings Center, Ste. 4550
Beverly, MA 01915
Tel: (978) 927-8330 www.ssat.com

Sociedad de Cirujia Torácica
633 North Saint Claire St.
Chicago, IL 60611
Tel: (312) 202-5800 www.stsorg

Sociedad de la Médula Espinal
1905 County Highway
1 Fergus Falls, MN 56537
Tel: (218) 739-5252 www.spinalcordsociety.com

Academia Americana de Dermatología
1445 New York Avenue, NW, Ste. 800
Washington, DC 20005
Tel: (866) 503-7546 www.aad.org

Academia Americana de Neurología
201 Chicago Ave.
Minneapolis, MN 55415
Tel: (800) 879-1960 www.aan.com

Academia Americana de Neurología y Cirujanos Ortopédicos
1516 N. Lakeshore Dr.
Chicago, IL 60610
Tel: (800) 766-3427 www.aanos.org

Asociación Americana de Cirujanos de Cadera y Rodilla
6300 North River Rd., Ste. 615
Rosemont, IL 60018
Tel: (847) 698-1200 www.aahks.org

Asociación de Cirujanos Ortopédicos de Pie y Tobillo
6300 North River Rd.
Rosemont, IL 60018
Tel: (847) 698 a 4654 www.aofas.org

Asociación Americana de Medicina Ortopédica
600 Pembrook Dr.
Woodland Park, CO 80863
Tel: (888) 687-1920 www.aaomed.org

Colegio Americano de Medicina Ocupacional y Ambiental
25 Northwest Point Blvd., Ste. 700
Elk Grove Village, IL 60007
Tel: (847) 818-1800 www.acoem.org

Academia Americana de Oftalmología
655 Beach St.
San Francisco, CA 94109
Tel: (415) 561-8500 www.aao.org

Junta Americana de Psiquiatría y Neurología, Inc
2150 East Lake Cook Rd., Ste. 900
Buffalo Grove, IL 60089
Tel: (847) 229 a 6600 www.abpn.com

Asociación Nacional de Restaurantes
2055 L Street, NW
Washington, DC 20036
Tel: (800) 424 a 5156 www.restaurant.org

Asociación Nacional de Restaurantes Fundación Educativa
175 West Jackson Blvd., Ste. 1500
Chicago, IL 60606
Tel: (800) 765-2122 www.nraef.org

Unión de Consumidores
101 Truman Avenue
Yonkers, NY 10703
Tel: (914) 378-2000 www.consumersunion.org

Centros para el Control de Enfermedades
1600 Clifton Road
Atlanta, GA 30333
Tel: (404) 639-3311 www.cdc.gov

Administración de Comidas y Drogas
10903 New Hampshire Avenue
Silver Spring, MD 20993
Tel: (888) 463-6332 www.fda.gov

XVII

Suministros

RCP Entrenamiento
  Asociación Americana del Corazón
  7272 Greenville Ave.
  Dallas, TX 75231
  Tel: (800) 242-8721 www.heart.org

Cruz Roja Americana
  2025 E St.
  Washington, DC 20006
  Tel: (800) 733 a 2767 www.redcross.org

Heimlich Entrenamiento
  Cruz Roja Americana
  2025 E St.
  Washington, DC 20006
  Tel: (800) 733-2767 www.redcross.org

Jack Sholl

Primeros Auxilios Pósters y Vídeos

Asociación Nacional de Restaurantes. Fundación Educativa

—Kit personal de Acción de Seguridad

—Prevención, Levantamiento y Transporte de Lesiones

—Video "Prevención de Resbalones, Tropezones y Caídas

Asociación Nacional de Restaurantes

2055 L Street, NW

Washington, DC 20036

Tel: (800) 424 -5156 www.restaurant.org

XVIII

Lectura Adicional

Manual de Las Asociaciones Médicas Estadounidenses de Primeros
Auxilios y Atención de Urgencia

(Científicos, www.scientificsonline.com (800) 818 4955

Referencias Escritorio Médico

Manual Merck

Anatomía de Grey

Boy Scouts of America Primeros Auxilios

Referencias

Registro del Condado de Orange (Ca.) Enero 14 de 2000, p. 1 (vía
Chicago Tribuna)

Red de seguridad en el hogar, Reino Unido, Departamento de
Comercia de Industria y Congelación.

Centro de Salud McKinley, Universidad de Illinois en Urbana-
Champaign, http: //www.McKinley.UIUC edi/ información con
la salud; congelacion. C. Crawford Mechem, M. D. http: // www.
209.htm emedicine.com/emerg/topic

Web MD Medical News, 22 de Mayo, 2000, el Comité de Médicos
por una Medicina

Responsable, enfermedades transmitidas por alimentos, http://
www.PCRM.org/health,Preventiva Medicina- Medicina

Intolerancia a la lactosa transmitidas por los alimentos-illness.
html. Registro del condado de Orange (a través de New York
Times), 14 de Enero, 2002, p. 9.

Indice

F

G

H

Negación de Información

Como esta guía es un recurso de sentido común que indica las aplicaciones en tiempo honrado y usos de los recursos disponibles comúnmente, el autor y todas las partes relacionadas con la publicación de este trabajo no son responsables ni responsable de cualquier diagnóstico, tratamiento médico o el resultado de cualquier diagnóstico o tratamiento médico invocados por personas utilizando la información contenida en este libro. Como se destaca en el contenido de esta guía, el diagnóstico y el tratamiento médico adecuado en caso de emergencia y el examen y tratamiento de seguimiento es de responsabilidad exclusiva dentro del ambito professional medico y el personal medico y paramédico. Los autores y todas las partes asociadas a la producción y publicación de este libro no serán responsables de cualquier lector de posibles inexactitudes, errores u omisiones, sin importar la causa, o por cualquier daño (ya sean directos o indirectos, consecuentes, punitivos o ejemplares) resultante del mismo, o por cualquier acción tomada en dependencia de esta obra, que ha sido extraído de diferentes fuentes y que no podrá ser incluido. No hacemos ninguna declaración ni garantía ni se aceptará la responsabilidad por el desempeño de cualesquiera productos, procedimientos o dispositivos de esta guía. Todas las cuestiones relativas a estos productos deben ser dirigidas a la institución o fabricantes que ofrecen estas entidades.

Printed in the United States
By Bookmasters